LIEBLINGSFARBE
REGENBOGEN

CHANY DAKOTA

Lieblingsfarbe Regenbogen

**VOM GLÜCK,
EIN KUNTERBUNTES LEBEN
ZU FÜHREN**

Besuchen Sie uns im Internet:
www.ploetz-betzholz.de

Originalausgabe im Plötz & Betzholz Verlag
1. Auflage September 2019
© Ullstein Buchverlage GmbH, Berlin 2019
Umschlaggestaltung: zero-media.net, München
Titelfoto: @lucassemm (Autorenfoto); © FinePic®, München
Fotos: @lucassemm: S. 15–40, 47–52, 68, 76–85, 91, 94, 98, 104, 109, 115, 116, 124–135, 145–162; @bluesummerbird: S. 59, 118; @felixleichum: S. 64; Domeni Lightheartedbirds: S. 75; @benjamindiedering: S. 120; Julia @juliffm: S. 140
Illustrationen: Sabine Loos
Gestaltung und Satz: Axel Raidt, Red Cape Production, Berlin
Druck und Bindearbeiten: Livonia Print
ISBN 978-3-96017-056-3

Inhaltsverzeichnis

Vorwort 7

Kapitel Pink
Sei nicht oberflächlich 15

Kapitel Rot
Lerne, dir selbst zu vertrauen 45

Kapitel Orange
Übernimm Verantwortung für dein Leben 65

Kapitel Gelb
Lass deine innere Sonne strahlen 81

Kapitel Grün
Wachse und bleibe in Balance 95

Kapitel Türkis
Pflege deine Beziehungen 121

Kapitel Blau
Lass deine Energie fließen 141

Kapitel Lila
Eine Zusammenfassung 159

Vorwort

Hey, mein Name ist Chany und ich habe dieses Buch geschrieben. Ich weiß nicht, wie du zu dem Buch gekommen bist, aber ich bin froh, dass du es gerade in deinen Händen hältst. Es gibt ja viele, die nicht so gerne lesen, aber ich möchte, dass du mir eine Chance gibst. Denn ich verspreche dir, dass es sicher nicht langweilig wird!

Dieses Buch ist nämlich nicht nur ein Buch. Es ist eine Reise. Nicht irgendwohin, sondern zum Ende des Regenbogens. Und wie du vermutlich weißt, wartet dort der Legende nach ein Schatz. Nein, ich werde dir jetzt nicht versprechen, dass du nach der Lektüre dieses Buches reich und berühmt wirst. Der Schatz enthält kein Gold und auch kein Geheimrezept, wie du dir einen reichen Prinzen angelst. Der Schatz, zu dem ich dich führe, steht sinnbildlich für dich und dein persönliches Glück.

#tiktok #instagram #youtube #rainbowfamily

Aber bevor ich dir erkläre, was wir auf diese Reise mitnehmen müssen, will ich dir erst mal deine Reiseführerin vorstellen: mich! Womöglich kennst du mich schon von den Social-Media-Plattformen TikTok, Instagram oder YouTube. Und vielleicht gehörst du sogar bereits zu meiner Rainbow-Family, wie ich meine Community nenne. Falls nicht, darfst du mich natürlich wie meine Follower auch gerne Rainbow-Brbie oder auch Queen of Colors nennen. Warum sie mir diese Spitznamen gegeben haben? Das liegt wohl an den bunten Strähnen, die ich in meinen Haaren trage – und an dem kunterbunten Leben, das ich führe.

#regenbogen #schublade #not

Hast du schon mal einen Regenbogen gesehen? Bestimmt. Aber bestimmt nicht in einer Schublade – und da passe ich als bunter, vielfältiger Mensch genauso wenig rein.

Nun fragst du dich womöglich, warum ausgerechnet ich dir den Weg zum Ende des Regenbogens weisen kann. Bin ich größenwahnsinnig geworden? Schließlich bin ich doch auch erst Anfang 20 und damit gerade erst aus dem Teenageralter raus. Und wenn meine ehemalige Deutschlehrerin davon gewusst hätte, dass ich ein Buch schreibe, hätte sie mir vermutlich sogar davon abgeraten. Aber genau darum geht es in diesem Buch: Um den Glauben an sich selbst und daran, genügend Kraft zu haben, sich von niemanden abhalten zu lassen, die Dinge zu tun und zu erreichen, die dich glücklich machen.

#teenagelife #verständnis #selbstnochgrünhinterdenohren

Ich schreibe dieses Buch nicht, weil ich sagen möchte, dass ich alle Lektionen, die ich dir auf unserer anstehenden Reise nahebringe, selbst perfekt beherrsche. Ich kann dir aber sagen: Ohne sie wäre ich nicht da, wo ich heute bin. Und vielleicht ist mein Alter sogar ein Vorteil: Für mich ist es einfach, über das Leben eines Teenies zu sprechen, denn es fühlt sich für mich so an, als wäre ich erst gestern noch selbst einer gewesen. Ich erinnere mich noch sehr gut an die Achterbahnfahrt der Gefühle, die Anforderungen und die großen Fragen wie: Was möchtest du mal werden? Wer möchtest du mal sein? Was sollen deine Mitschüler oder Arbeitskollegen über dich sagen?

Ich möchte dir deshalb eine Ratgeberin sein. Ich möchte dir mit diesem Buch in bestimmten Situationen helfen und dir zeigen, wie einfach es ist, ein glückliches und farbenfrohes Leben zu führen. Verstehe mich bitte nicht falsch: Das Leben ist leider kein Disney-Film, aber wenn du deine Träume und Ziele verfolgst, wirst du möglicherweise auch ein King oder eine Queen of Colors und regierst über dein kunterbuntes Leben in all deinen persönlichen Lieblingsfarben. Und damit meine ich nicht, dass du dir wie ich bunte Haare machen musst oder dich fortan nur noch pink anziehen darfst, um glücklich zu werden.

#wegweiser #kapitelfarben #alleswasdubrauchst

However! Das Leben ist wirklich eine Achterbahnfahrt mit Höhen und Tiefen. Und ich erkläre dir in den nächsten acht Kapiteln auf eine ganz bunte Art und Weise, wie ich diese wilde Fahrt gut

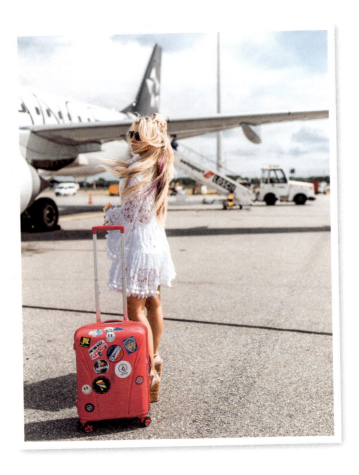

überstanden habe und wie du von meinen Erfahrungen profitieren und sie für dich nutzen kannst. Ich habe natürlich nicht das Rad neu erfunden und auch nicht den Regenbogen. Meine Kenntnisse ziehe ich aus meinem Leben, aus dem, was mir meine Familie mitgegeben hat, und aus unzähligen Büchern, Artikeln und Beiträgen, die ich in meinem Leben gelesen habe.

Auf jeder Reise besteht die Gefahr, sich zu verlaufen. Und ich kann dir schon mal verraten, dass wir bei unserer Reise zum Ende des Regenbogens nicht nur über asphaltierte Straßen laufen. Manche Etappen sind anstrengend, steinig und hinterlassen Muskelkater, aber sie lohnen sich. Damit wir uns  also nicht verlaufen, habe ich einen Wegweiser eingebaut. Jedem meiner acht Kapitel habe ich eine Farbe zugeordnet. Sie stehen für verschiedene Themen und ergänzen sich jeweils. Jedes Kapitel in diesem Buch – also jede Farbe – ist für sich gesehen natürlich sehr wichtig. Aber erst das gesamte Farbspiel und die ganzheitliche Wirkung der Farben wird dich zum Gold am Ende des Regenbogens bringen. Ob du es schaffst, hängt wie meistens in deinem Leben ganz alleine von dir ab.

Und ja, ich weiß: Jeder Regenbogen hat nur sieben sichtbare Farben. Mein Regenbogen hat acht Farben, weil die Farbe Pink nicht in dem ursprünglichen Regenbogen enthalten ist, ich sie aber auf gar keinen Fall auslassen kann. Apropos Regenbogen: Weder dein Alter, dein Geschlecht oder deine sexuelle Orientierung nehmen für mich Einfluss darauf, wie ich dich sehe. Ich sehe den Menschen in dir, deinen Charakter, deine Wünsche und Ängste – und das alleine ist es, was für mich zählt. Sollte ich im Verlauf der Kapitel hier und da mal explizit von Freund oder

Jede Reise beginnt – in dir!

Freundin etc. sprechen, so ist das natürlich nicht nur auf das genannte Geschlecht bezogen und in keiner Weise von mir als Einschränkung gedacht. Bitte fühle dich also niemals von einer Formulierung in die eine oder andere Richtung ausgegrenzt oder angegriffen.

So, und nun, bevor es losgeht, muss ich dir noch sagen, was du auf diese Reise mitnehmen musst. Keine Angst, einen vollgepackten Rucksack brauchen wir nicht. Das sähe auch ziemlich albern aus, wenn du das Buch am Strand liest und einen Rucksack auf dem Rücken hättest, haha. Ich empfehle dir nur, einen Stift mitzunehmen, um Notizen zu machen und Sachen fett zu markieren, die dir wichtig sind. Das wird dir für die Zukunft helfen. Denn wahrscheinlich wirst du dieses Buch eines Tages wieder aus dem Regal holen, wenn dir das Glück in deinem Leben wieder verloren gegangen scheint. Dann wirst du vielleicht wieder in dem Buch nachschlagen und nach Denkanstößen suchen. Zudem helfen Notizen dabei, nichts Wichtiges zu vergessen, denn leider vergessen wir vieles sehr häufig. Ich kenne das von mir selbst.

Jede Reise beginnt am Startpunkt – am Flughafen, am Bahnhof oder ganz einfach da, wo du gerade bist. In unserem Fall ist der Startpunkt der Anfang des Regenbogens.

Und nun
lass uns losgehen.
Schön, dass du
dabei bist!

Instagram

 chanydakota

chanydakota Think Pink!

more

 Add a comment...

#gewohnheiten #thinkpink

Na, bist du gut gestärkt für die erste Etappe? Gut, dann wollen wir mal.

Wenn du auf mein Instagram-Profil schaust oder meine Videos siehst, wirst du wissen, dass bei mir die Farbe Pink klar im Vordergrund steht. Pink ist im sichtbaren Spektrum des Regenbogens zwar nicht zu sehen, aber ein Regenbogen besteht aus so vielen Farben mehr als nur den sichtbaren. Er ist kunterbunt und tatsächlich ist alles nur abhängig von der Betrachtungsweise – also ganz genau wie in unserem Leben. Aber dazu kommen wir später noch.

Pink macht mich glücklich und drückt auch irgendwie meinen Lifestyle aus. Das heißt aber nicht, dass ich alles immer durch die rosarote Brille sehe – auch wenn die Welt so oft am schönsten erscheint. Beim Shopping gehe ich automatisch auf Pinkfarbenes zu. Ob Klamotten, Kosmetik, ja selbst meine Zahnbürste ist pink. Pink ist schon zu meiner Gewohnheit geworden!

Doch was ist eigentlich eine Gewohnheit? Gewohnheiten sind Dinge, die man immer wieder tut, sodass sie schon selbstverständlich werden. Sie laufen automatisch ab. Ich mache regelmäßig Sport, lade jeden Tag ein Instagram-Bild hoch und poste meine Insta-Storys aus dem Alltag. Es gibt aber natürlich auch die schlechten Gewohnheiten, wenn man zum Beispiel immer bei anderen die Schuld sucht, ständig negative Gedanken hat oder sich generell schlecht fühlt. Und dann habe ich noch Gewohnheiten, die nebensächlich sind. Ich gebe zum Beispiel immer zuerst die Cornflakes und dann die Milch in die Schüssel und checke morgens nach dem Aufstehen erst mal die Nachrichten auf meinem Handy. Auch meine Gewohnheit, dass ich Pink immer den Vorrang gebe, ist nebensächlich, weil es nur oberflächlich ist. Wenn du lieber die Farbe Blau, Grün oder sonst eine Farbe bevorzugst, dann bist du natürlich ganz normal und kannst diese Gewohnheit beliebig weiterführen. Es ist nebensächlich.

Wir gewöhnen uns vieles an, und diese Gewohnheiten helfen uns, dem Regenbogen zu folgen. Sie sind unser Freund und Begleiter, sie zeigen uns das Leben mit all seinen prächtigen Farben und Möglichkeiten. Gewohnheiten können aber auch dein Untergang sein. Sie können dein Feind sein und dich in die dunkelsten Ecken und schrecklichsten Situationen bringen. Deshalb hat die Gewohnheit bei mir die Farbe Pink, denn dadurch wird die sonst nur oberflächlich und nebensächlich betrachtete Farbe zu etwas ganz Besonderem und Wichtigem.

#influencer #inspiration

Das Schöne an Gewohnheiten ist, dass du sie jederzeit verändern kannst. Eine Gewohnheit der Menschen ist zum Beispiel, alles immer gerne in Schubladen und Kategorien zu unterteilen, deswegen gehe ich in meinem Buch auf den Regenbogen ein. Er ist bunt und vielfältig, und es gibt im Leben nicht nur Schwarz oder Weiß, ja oder nein – es gibt sogar viel mehr als »50 Shades of Grey«. In meinem Beruf als »Influencerin« versucht man, mich auch immer in Kategorien zu stecken. Bei Award-Verleihungen gibt es zum Beispiel Kategorien wie Sport, Lifestyle, Music, Comedy und viele mehr, aber sie gehen immer nur auf ein Thema ein. Ich verstehe mich als Allrounder, ich zeige euch einfach, was mich inspiriert, wie mein Alltag aussieht und was mir alles so den ganzen Tag über Kunterbuntes passiert. Ich gehe an einem Tag in Jogginghose und Turnschuhen zum Sport. Zähle ich jetzt zur Kategorie Fitness? Dann bin ich oft für Events in einer anderen Stadt, und du kannst mich im Prinzessinnenkleid über den roten Teppich schweben sehen. Kategorie Lifestyle?

Wenn ich dann kurze Zeit später ein Lied singe und hochlade, gehöre ich dann in die Kategorie Musik? Ich liebe auch meine Comedy-Rolle »Olga«, die eine Hommage an alle Osteuropäer und mein Kindermädchen ist. Natürlich alles mit einem Augenzwinkern.

Für mich gibt es keine Kategorie, keine Farbe, keine Schublade. Ich bin wie der Regenbogen, kunterbunt und vielfältig. Ganz offen gesagt führe ich durch meinen Job auch derzeit kein ganz gewöhnliches Leben. Deswegen stehe ich jeden Tag mit dem Gedanken auf, dass jeder Tag ein neuer Anfang ist. Ich gebe jedem Tag die Chance, der beste Tag in meinem Leben zu werden. Und vergesse, was gestern war und was morgen geschieht.

#alleseinefragederperspektive

Oft kommt es dabei auch auf die Perspektive an. Und wenn wir hier schon über Pink reden, müssen wir auch über Rosarot sprechen. Denn ähnlich wie Gewohnheiten kannst du auch deinen Blickwinkel ändern: Und das gelingt am besten, wenn du die rosarote Brille abnimmst. Wer sie trägt und mit falschen Ansichten über sich und sein Umfeld durch die Welt läuft, muss damit rechnen, dass seine Sicht so verfälscht ist wie durch eine Brille mit zu schwachen Gläsern. Denn alles hängt von deiner Sicht ab: Wenn du jemanden nicht magst, wirst du immer nach Beweisen suchen, um das zu bestätigen. Wenn du immer glaubst, dass du das Opfer bist und dich alle schlecht behandeln, wirst du das Gefühl haben, ein schlechtes Leben zu haben.

Nimm die rosarote Brille ab!

Ich habe ein schönes Beispiel: Joely, mein Bruder, hatte als Kind einen Trinkbecher, der aus 3D-Bildern bestand. Er war noch sehr jung und hat jeden Tag aus diesem Becher getrunken. Er hat irgendwann an dem Becher nichts Besonderes mehr gefunden und ihn schließlich gar nicht mehr gewollt. Monate später bekam mein Bruder seine erste Brille und trank wieder aus dem

Becher. Dabei ist ihm zum ersten Mal aufgefallen, dass der Becher einen krassen 3D-Effekt hatte und die Bilder sich bewegten. Seitdem ist dieser Becher sein Lieblingsbecher. Obwohl er den Becher jeden Tag benutzt hatte, hat er den eigentlichen Effekt, sprich das Besondere, übersehen. Damit möchte ich dir sagen, dass wir oft nicht wissen, wie viel uns entgeht, wie viel wir übersehen, wenn wir an unseren Ansichten festhalten.

#gutesvorbild

Wir haben viele falsche Ansichten über uns selbst. Vor allem, wenn man Sachen immer wieder gesagt bekommt, fängt man an, sie zu glauben – und schnell hat man ein falsches Selbstbild. Eine der besonders ungesunden Gewohnheiten. Wie damals bei mir, als ich 15 Jahre alt war und die Girls auf meiner Schule meinten, ich sei dick. Sie haben es so oft gesagt, bis ich es selbst geglaubt und sogar eine Essstörung entwickelt habe. Diese Essstörung wurde so schlimm, dass ich eines Tages zusammenbrach und im Krankenhaus wieder zu mir kam. Ich bin zwar nicht die Größte, aber mit 1,60 Meter und meinen damaligen 53 Kilo sah ich sicherlich nicht aus wie ein Elefant. Ich setzte mich dann intensiv mit dem Thema Ernährung und Essstörung auseinander. Ich las etliche Bücher, sprach mit anderen Betroffenen über ihre Situation.

Als Thema meiner Abschlussarbeit wählte ich Essstörungen – und bekam eine Eins.

Ich therapierte mich damit selbst. Das Thema Ernährung ist für mich bis heute sehr bedeutsam. Ich achte sehr genau darauf, was ich esse. Inzwischen bin ich Vegetarierin. Sobald ich meine Ernährung schleifen lasse, bekomme ich das auch mit Pölsterchen an Stellen gedankt, wo überhaupt keine Pölsterchen hingehören.

Sobald man die falschen Ansichten über sich hat, sieht man eine andere Person im Spiegel. Genauso wie wir Ansichten über viele Girls und Boys aus unserer Umgebung und sogar im Social Media haben. Wir bilden meist schnelle Urteile und stecken viele davon direkt in eine Schublade. Jetzt fragst du dich sicherlich, warum ich dir das erzähle. Es hat einen bestimmten Grund – nämlich, dass man seine Ansichten verändern kann, indem man die Dinge von einem anderen Standpunkt aus betrachtet. Ich erinnere mich noch sehr genau an die Zeit, als ich noch neu in der ganzen Social-Media-Welt war. Ich war megaschüchtern und zurückhaltend.

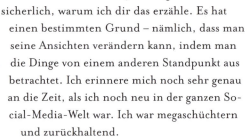

Da waren auf einmal all die Stars, denen ich jeden Tag folgte. Ich hatte das Gefühl, dass ich jede und jeden so gut kenne wie einen guten Freund oder die beste Freundin. Aber mich kannte dort niemand – ich war die Neue. Ich wurde gemustert, es wurde getuschelt. »Wie viele Follower hat die?«, »Was will die hier?«, »Was ist bloß mit ihren Haaren schiefgelaufen?« Stell dir in dieser Situation vor, du bist die Neue und fühlst dich unwohl: Was wäre dein Wunsch? Es hat eine ganze Weile gedauert, bis die

Ersten auf mich zugekommen sind. Ich fühlte mich alleingelassen und sehr unwohl. Heute, obwohl es in der Branche oft immer noch Normalität ist, neuen Personen gegenüber distanziert und arrogant zu sein, mache ich es genau andersrum. Wenn ich jemanden Neues sehe, nehme ich diejenige oder denjenigen direkt auf, gehe auf die Person zu und helfe bei allem, was ich kann. Ich behandle andere, wie ich selbst behandelt werden möchte. Ich war vorher die Neue, jetzt sind andere die Neuen. Dadurch, dass ich die Betrachtungsweise als Neue kenne, weiß ich, wie ich mich verhalten kann, um ihnen dieses unangenehme Gefühl zu ersparen. Es mag sich anfänglich vielleicht sogar »komisch« für dich anfühlen, dieses Verhalten – oder nennen wir es eine gute Gewohnheit – wie selbstverständlich in deinem Freundeskreis oder der Familie anzuwenden. Du wirst sehen, mit der Zeit wird es ganz natürlich. Und du wirst spüren, wie wertvoll dieser kleine Moment der Dankbarkeit deines Gegenübers ist und welche positiven Kreise er zieht. Probiere es doch einfach mal aus.

#wahrefreunde #werte

Doch das ist nicht alles. Wir haben auch Ansichten über das Leben, darüber, was uns antreibt, was uns gedanklich beschäftigt und von was wir uns beeinflussen lassen. Freunde sind zum Beispiel super wichtig für unser Leben, aber man darf sich nicht zu sehr von ihnen abhängig machen. Denn es gibt viele Fake-Friends da draußen, die dich nett anlächeln und dann hinter deinem Rücken über dich ablästern. Glaub mir, davon kann ich ein Lied singen. Aus der Schulzeit bis heute im Social-Media-Umfeld, Fake-Friends gibt es überall. Mir begegnen heute natürlich viele, die einfach nur fame werden wollen, egal mit was: Hauptsache, berühmt und jeder feiert einen. Immer wieder werden im Netz moralische Grenzen weit überschritten, YouTube-Videos von Selbstmördern hochgeladen oder irgendwelche billigen Songs möglichst vulgär präsentiert – alles nur für den Klick. Oder den Kick für den Augenblick?

Ich habe immer für meine Träume und Ziele gekämpft. Mir geht es um Spaß und Unterhaltung. Ich möchte auch nur Inhalte veröffentlichen, die ich vertreten kann. Ich möchte positiv beeinflussen oder einfach nur gute Laune verbreiten. Mir geht es nicht darum, mit Biegen und Brechen erfolgreich zu werden.

Wir sollten keine Dinge, die nicht von bleibendem Wert sind, zum Mittelpunkt unseres Lebens machen. Dein Selbstvertrauen muss von innen kommen und nicht von außen, aus der Qualität unseres Herzens, nicht aus der Summe der Dinge, die wir besitzen. Ich höre sehr häufig, wie bodenständig ich doch sei. Wenn mich meine Fans nach einem Foto fragen, sage ich immer »Ja«.

Natürlich habe ich auch mal schlechte Tage oder bin im Stress, aber ich lasse das nie an meinen Fans aus. Ich habe schon viele in dieser Branche getroffen, die ich aus dem Internet kannte und zu denen ich hochgeschaut habe.

Was ist dein Wunsch?

Menschen, die meine Vorbilder waren und im Internet immer nett und positiv wirkten. Andere fragten dann erst mal, wie viele Follower ich denn habe, oder waren so hochnäsig, dass sie einen gar nicht beachtet und wie Luft behandelt haben. Wahrscheinlich ist ihr komplettes Selbstvertrauen nur auf Follower, Aussehen und Likes aufgebaut und sie halten sich dadurch für etwas Besseres. Was ist, wenn sie morgen keine Likes mehr bekommen, die Plattform, auf der sie sind, abgeschaltet wird? Ich sage mir immer: »Wenn ich das bin, was ich habe, wer bin ich dann, wenn das, was ich habe, verloren geht?«

#arroganz #wtf

Auch dazu habe ich eine Story. Als ich in den sozialen Medien noch nicht erfolgreich war, sondern mich gerade erst mit ein paar YouTube-Vlogs ausprobiert hatte, durfte ich auf einem YouTube-Event Backstage dabei sein. Du kannst dir gar nicht vorstellen, wie aufregend das für mich war. Die größten YouTuber aus Deutschland – alle zum Greifen nahe. Ich habe dort auch eine der erfolgreichsten YouTuberinnen des Landes getroffen. Ich wartete auf den richtigen Augenblick und fragte ganz lieb und bewundernd nach einem Foto. Sie hingegen hat mich nur komisch gemustert und wollte partout kein Foto mit mir machen. Okay, dachte ich mir, vielleicht ist sie im Stress oder ihr ist die Backstage-Situation nicht ganz recht. Ich war wirklich ein richtiges Fan-Girlie, ich hatte sie tagtäglich verfolgt und ein sympathisches Bild von ihr. Ich stellte mich deshalb noch mal extra in der offiziellen Meet-and-Greet-Schlange an. Als ich dann endlich nach über dreistündigem Anstehen wieder vor ihr stand, um endlich mein Selfie zu bekommen, entglitten ihr sämtliche Gesichtszüge. Ihr aufgesetztes nettes Lächeln wurde zu einer fiesen Fratze. Ich ließ mich trotzdem von einem Selfie nicht abbringen, schließlich war ich einfach happy, sie persönlich zu sehen, und hatte mich auf ein Foto mit ihr gefreut. Nachdem ich das Bild auf Instagram gepostet und sie darauf markiert hatte, hat sie mich geblockt. Seitdem habe ich ein ganz anderes Bild von ihr, ich weiß nicht, warum sie sich so verhalten hat. Meine Vermutung: Ihr komplettes Selbstvertrauen ist eben nur auf Follower, Aussehen und Nebensächlichkeiten aufgebaut. Nichts von wahrem Wert.

Stay true to yourself

Als ich sie nämlich kürzlich wieder Backstage traf – inzwischen bin ich ja selbst schon etwas bekannter – und einfach locker über die Situation reden wollte, reagierte sie wieder sehr arrogant und von oben herab mit dem Spruch: »Dann hatte es wohl einen Grund, warum ich dich geblockt habe!« WTF?!?! Was habe ich ihr getan? Ist sie einfach nur stutenbissig oder sieht sie in mir eine Konkurrentin? Obwohl sie so viel erreicht hat, ist ihr Selbstvertrauen offenbar nur aufgesetzt und abhängig von Likes und Followern. Außerhalb dieser Welt wirkt sie leer und verloren. Traurig, aber wahr.

Deshalb merke dir bitte: Lasse dich nicht von Oberflächlichkeit blenden – schon gar nicht von den Stars und Sternchen aus dem Netz!

Viele Kinder und Jugendliche machen die Schule und ihre Eltern zum Mittelpunkt ihres Lebens. Es ist gut, die Schule als höchste Priorität anzusehen, aber man sollte nicht nur den Blick für gute Note haben, sondern auch in der Schule vieles anderes mitnehmen und lernen. Wie arbeitet man zielführend im Teamwork zusammen? Wie geht man respektvoll miteinander um? Und wie schließt man Freundschaften, die halten? Hier legst du den Grundstein

deiner »sozialen Skills«. Denn es ist quasi auch eine Form der Gewohnheit, wie du intuitiv auf Personen und Situationen um dich herum reagierst. Wenn du jemand bist, der immer der oder die Beste sein will und alle um sich herum als Konkurrenz sieht, wirst du einsam sein und als Egoist abgestempelt. Ich habe viele meiner ehemaligen Klassenkameraden getroffen, die so viel bessere Noten hatten als ich. Was machen die heute, was machen sie aus ihrem Leben? Etliche von ihnen sind in Jobs, die man gut und gerne auch ganz ohne Schulabschluss machen könnte, dabei verdienen sie meistens auch noch so wenig, dass sie vermutlich davon überhaupt nicht leben können. Deine Noten und dein Abschlusszeugnis sagt nichts über deine persönlichen Werte und den Erfolg in deinem Leben aus, vergiss das nie.

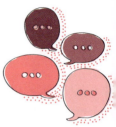

#redenhilft

Die größte und bedingungsloseste Liebe bekommen wir von unseren Eltern. Von der Geburt über das Kleinkindalter bis hin zum Schulalter ist man abhängig von ihnen. Sei dankbar und respektvoll, auch wenn es oft Meinungsverschiedenheiten gibt. Deine Eltern haben dir viele Grundlagen fürs Leben beigebracht – nicht nur das Laufen und das Sprechen, sondern viele wertvolle Fähigkeiten. Wenn du aber im Teeniealter deine Eltern immer noch zum Mittelpunkt deines Lebens machst, führst du ihr Leben, erfüllst ihre Erwartungen und machst sie damit vielleicht sogar glücklich. Aber: Kann es dich glücklich machen, immer die Erwartungen anderer zu erfüllen? Ich liebe meine Eltern und meine Familie über alles. Besonders aber dafür, dass sie mir geholfen haben, aus einem unsicheren Kind durch eine turbulente Pubertät zu einer selbstbewussten und selbstreflektierten jungen Frau heranzuwachsen. Das haben sie nicht erreicht, indem sie mir ihren Lebensstil aufgezwungen haben oder ich versucht habe, diesen zu imitieren. Hast du das Gefühl, du bist noch nicht so ganz bei dir angekommen, oder bist du oft unzufrieden mit dem Ausgang bestimmter Situationen? Mein Tipp: An nichts wächst du so sehr, wie an einem zunächst unangenehmen Gespräch, aus dem du und auch deine Eltern oder Freunde mit besserem Verständnis füreinander herausgehen. Regelmäßige »Familiengespräche« auf freundschaftlicher Augenhöhe ohne Vorurteile könnten zum Beispiel zu einer guten Gewohnheit in deiner Familie werden.

So was gibt's natürlich auch außerhalb der Familie: Ich zum Beispiel hatte kürzlich ein »tiefenpsychologisches Interview« bei einem Marktforschungsinstitut. Falls du dir nichts darunter vorstellen kannst, keine Sorge. Ich wusste vorher auch nicht wirklich Bescheid. Hätte ich mehr darüber gewusst, hätte ich vielleicht dankend abgelehnt. Ich wurde nämlich zwei Stunden und alleine in einem Raum von einer Psychologin über meine Gefühle ausgefragt. Sie schrieb eine Studie über das Thema. Es ging dabei natürlich um meinen Beruf und wie ich mit allem klarkomme, wie es tief in mir aussieht. Sie hat mir die Frage gestellt, ob mir mein Beruf als Internet-Girlie Spaß macht und ob mich meine Eltern unterstützen. Ich sagte ihr, dass ich sehr glücklich bin, mein Hobby zum Beruf gemacht zu haben, und dass meine Eltern voll und ganz hinter mir stehen. Da es ein tiefenpsychologisches Gespräch war, wollte sie mich mit ihren Fragen provozieren und aus meiner Komfortzone locken. Durch mein Influencer-Dasein habe ich natürlich Erfahrung mit Interviews. Sie bohrte aber immer weiter. Sie wollte eine Antwort, die ganz aus meinem Inneren kommen sollte. Sie wollte hören, dass mich meine Eltern sicherlich zu alldem gezwungen haben und ich das alles nur mache, damit sie stolz sind.

Ich habe ihr aber dann erklärt, dass meine Eltern mich weitgehend erwartungsfrei aufgezogen und mich immer bei allem in meinem Leben unterstützt haben. Die Fragestellungen haben aber trotzdem dazu geführt, dass ich bei einigen Fragen unsicher und nervös wurde, die ich sonst mit einer Selbstverständlichkeit und Leichtigkeit beantwortet hätte. Natürlich freue ich mich, wenn meine Eltern stolz auf mich sind. Ich freue mich auch über jedes Like und jeden Kommentar – egal, ob von Eltern, Freunden oder Followern. Aber ich mache dies nicht zu dem Mittelpunkt in meinem Leben.

#idole #abhängigkeit

Jetzt kommen wir zum Thema Idol. Ich finde es schön, wenn mich viele als Inspiration sehen und zu mir heraufschauen. Klar – es macht mich glücklich und ein bisschen stolz, wenn jemand mir meine bunten Haare nachmacht oder einfach meine Bilder und Videos nachstellt. Doch ich habe auch schon Nachrichten bekommen, in denen stand: »Wenn du heute nicht antwortest, ist mein Tag verloren.« Wenn ich es dann nicht schaffe zu antworten, weil ich tagtäglich sooo viele Nachrichten bekomme und nicht alles sehe, werden viele sauer und beleidigend. Oft werden sie sogar zu richtigen Hatern. Beschimpfen mich dann gerne als abgehoben, eingebildet und arrogant. Für mich ist das dann ein Zeichen, dass sie mich und Social Media in ihrem Leben zu ihrem Mittelpunkt gemacht haben. Sie machen ihre miese Stimmung, ihren Tag von mir abhängig. Eine echt unangenehme Eigenschaft bzw. Angewohnheit, die aus ihrer eigenen Unsicherheit entspringt und leider viel mehr Probleme macht, als dass sie irgendwem hilft. Dabei müssten sie nur sich selbst etwas mehr zum Mittelpunkt ihres Lebens machen – dann würde es auch ein schöner Tag mit guter Laune werden!

We grow when we face challenges.

#liebe

Zum Schluss kommen wir bei der rosaroten Brille (und deren guten wie schlechten Gewohnheiten) natürlich auch nicht an dem Thema Beziehung vorbei. Es ist meiner Meinung nach eine der schmerzhaftesten der schlechten Gewohnheiten, wenn du deinen Freund zum Mittelpunkt deines Lebens machst. Ich bin ein sehr sensibler Mensch. Ich kann schnell verletzt sein. Vor allem, wenn es Menschen aus meiner Familie oder aus meinem engeren Kreis sind, die mir (bewusst oder unbewusst) durch ihr Handeln wehtun. Ich werde immer wieder darauf angesprochen, warum ich mein Liebes- und Gefühlsleben nicht auf Instagram preisgebe. Die einfache Antwort ist: Ich möchte meine Social-Media-Präsenz nicht von meinem Partner und meiner Beziehung abhängig machen. Ich weiß aber, wie schön es ist, sich solche Bilder anzuschauen – Videos, die voller Emotionen sind, Verlobungs- oder Hochzeitsvideos, in denen man einfach alles Schöne mit der Welt teilt. Ich bin also auch ein Fan davon, mir so was anzusehen, aber ich selbst möchte so was derzeit nicht posten. Ich zähle dies zu meinen Stärken und habe es daher zu einer Gewohnheit gemacht, meine persönlichen Grenzen zu ziehen und sie zu schützen.

Wenn ich als Influencer online meine Beziehung preisgeben würde, könnte jeder seinen Senf dazugeben und seinen Kommentar dazu schreiben. Oft schließen die Insta-Couples auch langfristige Werbeverträge ab. Das Pärchen muss, selbst wenn es vielleicht schon längst nicht mehr zusammen ist und den größten Beef hat, weiterhin als Liebespärchen für die Firmen vor der Kamera posieren.

Die Community gewöhnt sich auch oft so sehr an das Paar, dass es nach einer Trennung schwer sein kann, die Community aufrechtzuhalten. Nach einer Trennung gibt es meistens auch einen Riesen-Shitstorm. Die Fans rutschen in einer recht ungesunden Art in eine Loyalitätskrise und fragen sich, auf welcher Seite sie denn nun stehen sollen oder zu wem sie halten. Andere finden das alles auch total lächerlich und nervig. Sie entfolgen schlussendlich, weil sie keine Lust mehr auf das Beziehungsdrama haben. Das erspare ich meinen Fans und mir doch lieber, sollte es denn jemals der Fall sein.

Do what you love.

Wenn du deinen Freund zum Lebensmittelpunkt machst, bist du nicht nur sehr abhängig von ihm, sondern dein Junge verliert vielleicht sogar die Lust an eurer Beziehung, weil du möglicherweise als »leicht zu haben« erscheinst. Wenn du ihn in deine Achterbahn der Gefühle mitnimmst, wird ihm wahrscheinlich einfach nur schlecht. Ein Beispiel: Dein Freund sagt dir, dass er mit seinen Freunden unterwegs ist oder zocken will. Er könne deswegen nicht schreiben oder anrufen. Wenn du total auf ihn fixiert bist, fühlst du dich schnell leer, vernachlässigt und alleine gelassen. Unter Umständen fängst du vielleicht deswegen eine

Diskussion an, die aber im Ergebnis wahrscheinlich nur deinen (und seinen) Tag ruiniert. Deine Gedanken kreisen ständig um deinen Boy, du stalkst ihn, dir fällt jedes Like auf. Jeden Kommentar unter dem Foto eines anderen Mädchens legst du auf die Goldwaage. Du wirst dir einreden, dass er nur Augen für andere hat. Du machst dir Gedanken. Dein Selbstwertkonto fällt so ganz schnell auf null.

Und wenn er mit dir Schluss macht, denkst du, dein Leben hätte keinen Sinn mehr. Dein Lebensmittelpunkt hat sich aufgelöst. Du bist orientierungslos. Du entwickelst enorme Verlustängste. Du denkst, du wärst nicht gut genug, und suchst den Fehler nur bei dir. Du hast vielleicht Angst, du würdest niemals mehr jemanden so lieben wie ihn. Aber stell dir nur mal eine Sekunde vor, ein Junge würde dich so lieben, wie du ihn liebst, das wäre doch viel schöner.

Ich kann aus Erfahrung sprechen: Der Liebesschmerz ist einer der schlimmsten, die es gibt. Zu trauern ist gut. Ich weine gerne, damit meine Seele wieder im Reinen ist. Der Schmerz geht vorbei – und dazu passt perfekt eines meiner Lieblingszitate: »Alles passiert immer aus einem bestimmten Grund. Wenn sich eine Tür schließt, öffnen sich ganz viele andere, die meistens noch viel Schöneres beinhalten.«

Ich habe natürlich auch schon Erfahrungen damit gemacht. Meine erste Beziehung hatte ich mit 16 Jahren. Mein Freund hatte mir auf einmal vieles verboten. Ich sollte mich nicht schminken, nicht feiern gehen. Ich sollte mich nicht mehr mit Freundinnen treffen, und er versuchte mich in vielem einzuschränken. Ich dachte zunächst, das sei normal. Wenn man in einer Beziehung ist, so heißt es doch, sollte man Kompromisse eingehen. Der Partner hat schließlich höchste Priorität. Da hatte ich mich leider getäuscht. Natürlich geht man Kompromisse ein. Aber man soll nur das machen, was einem Spaß macht und man selbst möchte. Für mich war das schwer zu verstehen, hier haben mir die Ratgeber nie wirklich einen Rat geben können, der für mich anwendbar und nachvollziehbar war. Denn ich bin ein Mensch, der aus ganzem Herzen liebt. Ich glaube grundsätzlich immer an das Gute in jedem Menschen – und gebe demjenigen viele Chancen, um dies zu beweisen.

Erst kürzlich habe ich von einer Studie bezüglich glücklicher Paare gelesen. Demnach weisen glückliche Paare eine bestimmte Kombination von Hormon-Rezeptoren auf. Es handelt sich dabei um das Kuschelhormon Oxytocin. Die Menschen mit einem GG-Genotyp führten eher eine glückliche Ehe als solche mit einer anderen Variante. Dafür soll es sogar genügen, wenn einer der beiden Ehepartner den GG-Rezeptor hat. Ich bin offensichtlich einer der GG-Rezeptor-Menschen, die eine Menge dieses Oxytocins im Blut haben. Irgendwann sind aber auch bei mir Grenzen erreicht. Wenn ich tief im Inneren nur

»Alles passiert immer aus einem bestimmten Grund. Wenn sich eine Tür schließt, öffnen sich ganz viele andere, die meistens noch viel Schöneres beinhalten.«

noch unglücklich bin und die schlechten Tage überwiegen, dann verblassen auch schnell die vielen schönen Momente und die tolle gemeinsame Zeit.

Deshalb merke dir: **Wenn es mehr schlechte Tage als gute gibt, solltest du etwas ändern!**

Wenn ein Junge dich wirklich liebt und dir vertraut, wird er dir niemals etwas antun, was dich ernsthaft verletzen könnte. Er würde natürlich auch nicht fremdgehen. Seitensprünge sind oft ein Riesenthema. Ich bin der Meinung, wenn jemand fremdgeht, ist er mit sich selbst nicht zufrieden. Notorische Fremdgeher sind arme Würstchen, die nur durch neue »Eroberungen« ihr schwaches Selbstbild stärken können. Ich frage mich, wenn man aufrichtig liebt, wie könnte man so was jemals übers Herz bringen?

Und damit kommen wir wieder zum Thema Gewohnheit. Du gewöhnst dich schnell an deinen Freund, an sein Lachen, wie er dich berührt, aber auch an seine Fehler und vielleicht auch an die kleinen Sticheleien und Schmerzen, die er dir zufügt. Wenn Schluss ist, kommt abends plötzlich kein Anruf oder keine Nachricht mehr. Auch morgens schreibt dir keiner mehr »Guten Morgen, Baby«, viel-

Wer dich liebt, beschützt dich.

leicht habt ihr euch schon geblockt und gelöscht. Du stalkst ihn bei Instagram & Co., nur um zu sehen, was er macht. Weil es deine Gewohnheit war zu wissen, wo er ist und wie es ihm geht.

Wir entwickeln unsere Gewohnheiten selbst, doch dann bestimmen sie unser Leben. Du musst konsequent sein und der Gewohnheit immer wieder zeigen, was für dich gut ist und was du möchtest. Du kannst dir alles von deiner Gewohnheit erledigen lassen und sie kann dir die Welt zu Füßen legen, wenn du jedoch nicht konsequent bleibst, wird sie dich zerstören. Wenn du die rosarote Brille erst mal abgesetzt hast, kommst du wieder im Reallife an.

Die Liebe kann natürlich auch etwas Wunderschönes sein, und man sollte nach jedem Verlust oder nach jeder Erfahrung immer wieder positiv bleiben: denn der Richtige wird kommen! Und kein Junge der Welt ist eine Träne wert, denn wenn er dich gut und richtig behandelt, wird er dich nur zum Weinen bringen, wenn du lachst oder etwas emotional Schönes passiert. Bist du aber erst einmal in dieses dunkle Loch des geringen Selbstwertgefühls gefallen, weil er gerade Schluss gemacht hat, ist es schwer, wieder herauszuklettern. Lass dich deshalb erst gar nicht von deinem Ex in diese Falle schubsen. Wenn er glaubt, du seist seltsam oder beziehungsunfähig, ist das doch das beste Zeichen dafür, dass er nicht der Richtige für dich war. Ist erst mal der

Knick drin, kannst du machen, was du willst: Es wird niemals so sein, wie es vorher war – und noch weniger, wie du es dir vielleicht gewünscht hast. Jede Sekunde, die du noch in die Beziehung investierst, und jede Aktion, um sie zu retten, ist total verschenkte Zeit. Erspare dir den Herzschmerz, das Weinen und die Zeit. Also Kopf hoch und sei froh, dass du ihn los bist!

Klingt einfach – ist es auch!

Aber vielleicht möchtest du auch gar keine Tipps, wie du ihn aus deinem Kopf bekommst. Vielleicht ist deine Angst zu groß, um loszulassen – und die Hoffnung noch da, dass alles wieder gut wird. Doch auch in diesem Fall gilt: Denke nicht an ihn. Hüte dich davor, in seinen Profilen herumzustöbern. Die Posts, Snaps, Storys, Bilder und Videos, die du dort siehst, willst du doch gar nicht sehen. Denn was bringen sie dir außer dem Scheißgefühl, dass bei ihm (angeblich) alles gut ist und bei dir nicht? Konzentriere dich stattdessen darauf, selbst schöne Erlebnisse mit Freunden, der Familie oder (sofern du schon so weit bist) einem neuen Flirtpartner zu haben. Und ob er dein Date in deinen Profilen sieht oder nicht, kann dir dann total egal sein.

Manchmal sind Jungs einfach nur Idioten.

Lebe einfach weiter, mach einfach weiter. Du glaubst vielleicht, dass sei unmöglich. Doch, es geht. Es wird eben nur anders. Ein erster wichtiger Schritt ist, nicht in der Vergangenheit zu wühlen und sich zu fragen, was alles falsch gelaufen ist und was du alles anders hättest machen können. Es ist aus und vorbei, das hat seinen Grund. Es hat mit ihm einfach nicht funktioniert. Sonst würdest du ja noch in seinem Arm liegen, nicht wahr?

Er hatte vielleicht auch so viele gute Seiten und hat dir auch immer wieder glaubhaft gemacht, dass du seine einzige und wahre Prinzessin bist und dass er ohne dich ja nicht leben kann. Soso. Und warum ist er dann nicht tot umgefallen? Es war einfach nicht der oder die Richtige für dich oder du nicht der oder die Richtige für ihn. Das heißt aber nicht, dass du für niemanden die Richtige bist! Wenn er dich nicht so will, wie du bist, und dich nicht so sein lässt, wie du bist, ist er es nicht wert, dass du mit dem Depp zusammen sein willst. Ganz easy. Wenn er nicht erkannt hat, was er an dir hat, dann war er der Falsche. Deswegen gib deinem nächsten Boy eine Chance!

#deineeigenemitte

Es gibt noch so viele Schwerpunkte, die man zum Mittelpunkt seines Lebens macht. Menschen, die zum Beispiel nur auf Fame aus sind, wollen immer mehr Erfolg, Follower und Likes haben. Alles Dinge, die einen vielleicht für einen kurzen Augenblick glücklich machen und zufriedenstellen, aber auf Dauer einsam und unglücklich machen. Egoistische Menschen haben auch die Gewohnheit, immer sich selbst zufriedenzustellen. Oft merken Egoisten gar nicht, wie schlecht es Personen in ihrem Umfeld geht und was sie mit ihrer Art und Weise den Menschen antun. Es gibt auch viele egoistische Menschen, die oberflächlich betrachtet allen alles recht machen möchten, dabei aber tatsächlich nur an ihr eigenes Wohl denken. Sie verletzen die Menschen in ihrem Umfeld, denn sie sind oft nicht loyal gegenüber dem Menschen, der gerade nicht anwesend ist. Sobald du weg bist und jemand etwas Schlechtes oder Verletzendes über dich sagt, wird er auf der Seite dieser Person stehen, denn das bringt ihm in dem Moment Vorteile und Pluspunkte. Er will »Everybody's Darling« sein. Diese Menschen sind meistens nicht im Reinen mit sich selbst und noch auf der Suche nach ihrer Persönlichkeit.

Ich bin überzeugt, man muss immer zu seiner Meinung und seinen Grundwerten stehen, sonst verliert man sich selbst. Wenn jemand in meinem Beisein schlecht über jemanden, der mir am Herzen liegt, bekenne ich immer sofort Farbe – auch wenn das bei meinem Gegenüber nicht gut ankommt. Lass dich nicht verbiegen, steh zu deinem Freundeskreis, zu deinen Eltern, zu deinem Partner und vor allem: zu dir selbst! Liebe macht blind, setz die rosarote Brille ab! Alles Sprüche, die ihr sicherlich schon oft gehört habt. Ich kann aus eigener Erfahrung sprechen: Man wird aus dieser Situation erst von außen und mit Abstand betrachtet schlau. Wenn du willst, dass die Welt sich verändert, musst nur du dich verändern. Dein buntes Leben wartet auf dich, also lebe es! Nur so schützt du dich davor, dass es eine ewige On-Off-Beziehung wird und du den gleichen Mist immer durchleben musst. Aus On-Off-Beziehungen ist noch nie etwas

Dein kunterbuntes Leben wartet auf dich, lebe es!

Gescheites geworden. Wenn er einmal Schluss gemacht hat, wird er es bei nächster Gelegenheit wieder tun.

#grundregeln #höraufdeinherz

Verstehe mich nicht falsch, natürlich kriselt es in jeder Beziehung. Und es dauert, bis man alle Levels der Machtkämpfchen durchgespielt hat. Ich bin fest davon überzeugt, dass man geben und nehmen muss. Ich gebe oft sogar mehr als mein Partner, weil ich gerne gebe. Aber ich weiß, dass eine Beziehung nur mit einem Menschen funktioniert, der zu meinen Grundsätzen passt. Deine Prinzipien, also deine Grundregeln, solltest du niemals aufgeben, denn sonst droht dir, dass du dich selbst verlierst.

Nun fragst du dich vielleicht: Welche Grundsätze meint sie? Und was sind die richtigen Lebensansichten für mein Leben? Das ist ganz einfach: Deine Lebensansicht muss von Grundregeln ausgehen. Grundregeln sind Gesetze. Gesetze kann man nicht anzweifeln, sie sind nicht kaufbar und sie gelten für alle Menschen, egal welcher Herkunft sie sind. Sie sind genauso festgeschrieben wie das Gesetz der Schwerkraft: Wenn dir das Handy aus der Hand rutscht, fällt es runter. Du kannst es nicht mehr auffangen und es geht kaputt. Beispiele für Grundregeln sind Ehrlichkeit, Liebe, Fleiß, Respekt, Dankbarkeit, Verantwortungsbewusstsein, Bescheidenheit und Loyalität. Es gibt aber noch so viele mehr. Dein Herz wird dir immer sagen, was die richtige Grundregel für dich selbst ist und wann du sie anwenden sollst.

Nehmen wir zum Beispiel die Grundregel Ehrlichkeit: Wenn du ständig deine Eltern anlügst oder deinen Freund oder deine Freundin, wird es vielleicht für einen kurzen Moment klappen und du wirst alle zufriedenstellen. Aber irgendwann fliegt alles auf – und es kommt doppelt zurück. Keiner wird dir mehr glauben. Du hast vielleicht in dem Moment versucht, es allen recht zu machen; vielleicht hast du zu deinen Eltern gesagt, dass du gut in der Schule bist und es keine Probleme gibt, obwohl du gerade eine Fünf in Mathe bekommen hast. Vielleicht hast du zu deinem Freund gesagt, dass du nur ihn liebst, aber in Wahrheit schreibst und flirtest du hinter seinem Rücken mit anderen. Du hast ihn angelogen, damit er nicht verletzt ist oder du keinen Ärger bekommst.

Stay true. Stay YOU!

Es gibt keinen einzigen Lügner, der durch seine Unwahrheiten Erfolg hatte. Denn man kann die Regeln nicht brechen, man kann nur an ihnen zerbrechen. Jede Lüge braucht zehn weitere, um zu überleben. Ich bin auch davon überzeugt, dass strenge Eltern ihre Kinder oft zu geschickten Lügnern heranziehen. Denn die Angst vor dem Ausraster der Eltern verleitet Kinder zum Lügen. Sie wollen dieser schrecklichen Situation entgehen. Lass dich nicht zur Lügnerin machen, egal, was deine Eltern machen!

Wer nach seinen eigenen Grundregeln leben möchte, muss zunächst auch an sie glauben. Gerade dann, wenn jemand deine

Grundregeln missachtet hat und dich damit enttäuscht hat. Ich glaube besonders an Karma: Alles, was du Menschen zufügst, kommt irgendwann zu dir zurück. Auf die Grundregeln kannst du dich immer verlassen – sie sind wie eine beste Freundin, die dich nicht im Stich lässt, nicht über dich lästert oder dich verletzt. Wenn du deine Grundregeln an erste Stelle setzt, wirst du auf einem guten Weg sein, ein Mensch mit einem tollen Charakter zu werden. Stell dir mal das komplette Gegenteil vor: Du würdest genau gegen die Grundregeln leben, nur faul und mit Hass erfüllt sein, immer undankbar und egoistisch. Denkst du wirklich, dass du so ein schönes, glückliches Leben führen kannst, erfolgreich und mir dir im Reinen?

Wenn dir mal wieder alles zu viel wird, die Schule oder Uni dir keine Freizeit mehr gibt, oder du Stress in deinem Job hast, dann setze dich mit deiner Balance für dein Leben auseinander. Suche in jeder Situation die richtige Grundregel und versuche, sie anzuwenden.

Ich hoffe, dir hat das erste Kapitel gefallen. Ich möchte dir noch etwas auf deinen Weg mitgeben: Geh immer nur kleine Schritte. Denke jetzt nicht sofort an alles, was du verändern musst. Es ist wie in der Schule: Wenn du zu viele Hausaufgaben aufbekommen hast, denke nicht darüber nach, was du noch alles zu erledigen hast, sondern erledige es nacheinander. Fang einfach mit der ersten Sache an, denn alles auf einmal schaffst du sowieso nicht. Vergiss nie: Manchmal reicht schon ein kleiner Schritt in die richtige Richtung, um der größte Schritt in deinem Leben zu werden.

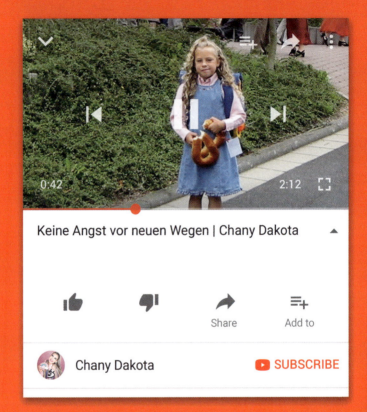

#rot

Keine Farbe ist so intensiv wie rot. Rot ist die Farbe der Liebe, aber auch die Farbe des Schmerzes und des Kämpfers. Es steht für große Gefühle, für Kraft ebenso wie für Leidenschaft und für Anziehung. Darum soll es auch in diesem Kapitel gehen.

Ich weiß noch ganz genau, als ich fertig mit der Schule war und meine Eltern mich fragten, was ich denn nun machen möchte. Ich hatte zu dieser Zeit bereits ein bisschen mit Social Media angefangen und auf YouTube gestöbert. Mein größter Traum war es, Teil von dieser neuen Welt zu werden.

Es ist ganz schön erschreckend: Kaum bist du aus der Schule, wollen schon die ersten Geld von dir! Denn nicht nur meine Eltern fragten, wie ich vorhabe, künftig mein Geld zu verdienen,

Dein größtes Gut? Dein Glaube an dich selbst!

sondern auch unter anderem die Krankenkasse sowie das Finanz- und Arbeitsamt. Alle wollten plötzlich Geld von mir. Als sich dann innerhalb kürzester Zeit die Rechnungen auftürmten, liefen mir erst mal die Tränen übers Gesicht. Ich brauchte jemanden zum Reden und traf mich mit einem guten Freund in einer kleinen Pizzeria. Ich erzählte ihm von meinen Sorgen und davon, dass ich echte Existenzängste habe. »Ich muss jetzt studieren oder mir einen anderen Job suchen, um mein Leben zu finanzieren«, schluchzte ich. Er schaute mich mit ernster Miene an und sagte: »Beruhige dich erst mal, wenn du es wirklich schaffen möchtest, dann schaffst du es auch.«

#ersteschritte #zweifel

Ich machte mir an diesem Tag trotzdem noch viele Gedanken, schlief nicht gut und hatte große Sorge um meine Zukunft. Mein Traum, als hauptberufliche Influencerin leben zu können, drohte zu platzen. Ich war pleite, bevor es überhaupt losging! Meine Gedanken kreisten nur noch um meine Sorgen. Ich stöberte im Netz, durchsuchte Jobbörsen, Uni-Seiten und versuchte, mich neu auszurichten. Aber all die guten Stellenangebote und wirklich tollen Möglichkeiten zu studieren, haben mich immer mehr verzweifeln lassen, denn es war nicht das, was ich mir für mich vorgestellt hatte.

Nach unzähligen Stunden der ziellosen Suche nach einer »sorgenfreien« Zukunft, die am besten in einem Büro von nine to five stattfand, bemerkte ich irgendwann, dass mich am allermeisten meine Angst und meine Sorgen behinderten. Angst, nicht gut genug und dem Konkurrenzkampf nicht gewachsen zu sein. Angst vor dem Rampenlicht, mit all seinen Vor- und Nachteilen. Vor allem aber war da die Angst vor dem Scheitern. Aber diese Ängste und Zweifel hielten mich im Endeffekt nur davon ab, mein Allerbestes zu geben. Meine Gedanken haben sich nur noch darum gedreht, wie ich die Erwartungen anderer erfülle. Immer wieder schossen mir die Kommentare meines Umfelds durch den Kopf: »Das ist doch kein Beruf«, »Was wird in ein paar Jahren sein?« und natürlich der Klassiker: »Davon kann man doch nicht leben.«

Ich war in dieser Phase nicht mehr kreativ und aktiv, sondern ununterbrochen damit beschäftigt, mir Sorgen um meine Zukunft zu machen. Ich fragte mich: Was ist in den letzten Jahren aus den angeblich so sicheren Jobs geworden? Viele Berufe, die Jahrzehnte als sicher galten und hoch angesehen waren, sind heute verschwunden. Vieles wird heute automatisiert, im Ausland produziert oder ist heute gänzlich weggefallen. Das beste Beispiel dafür ist der Beruf des Bankkaufmanns, gerade in meiner Heimatstadt Frankfurt: Viele Bankfilialen sind inzwischen geschlossen und durch Onlinebanking ersetzt worden. Die Jobs in dieser Branche sind längst nicht mehr sicher, und niemand kann heute mit Sicherheit sagen, was in den nächsten zehn Jahren passiert. Andersrum sind viele Dinge, mit denen man zukünftig erfolgreich sein kann, heute noch gar nicht erfunden. Seit diesem einst holprigen Start lebe ich nach dem Motto, das der längst verstorbene Motivationstrainer Dale Carnegie einmal formuliert hat: »Der kluge Mensch fängt jeden Tag wie ein neues Leben an. Auch wenn das Morgen noch so schlimm ist, ich habe heute gelebt.«

#zuversicht

Ich glaubte wieder an mich und war bereit, für meinen Traum zu kämpfen. Ich setzte kreative Ideen um, erstellte Konzepte für Kunden und konzentrierte mich wieder auf meinen Weg. Es dauerte auch nicht lange, schon kam der erste Auftrag: Es war zwar nur ein kleiner Auftrag, aber er zeigte mir, dass es funktionierte, und ließ meine Sorgen und Zweifel, die ich zuvor hatte, verblassen.

Deshalb vergiss nie: **Lass die Angst vor dem Scheitern nicht größer sein als die Lust auf das Gelingen.**

Viele Leute gratulieren mir heute zu meinem Erfolg. Aber der wirkliche Tag meines Erfolges war der, an dem ich aufhörte,

»Der kluge Mensch
fängt jeden Tag
wie ein neues Leben an.
Auch wenn das Morgen
noch so schlimm ist,
ich habe heute gelebt.«

DALE CARNEGIE

Sorgen und Ängste vor dem Scheitern zu haben. Denn persönliche Erfolge kommen immer vor den öffentlichen Erfolgen. Der einzige Mensch, der deinem Erfolg im Weg stehen könnte, bist nur du selbst. Alles, was wir im Leben erreichen wollen, entsteht immer tief in unserem Inneren. Deshalb musst du bei dir selbst anfangen, nicht bei deinen Freunden, Familie & Co. Du bist für dein eigenes Leben verantwortlich. Du möchtest etwas verändern, also musst du bei dir anfangen, mit deinem Spiegelbild. Um dein Regenbogen-Konto aufzufüllen, solltest du dir selbst ein gutes Gefühl geben.

Lerne, dir selbst zu vertrauen. Das geht am besten, indem du dir selbst Versprechen gibst. Es ist wichtig, immer einen kleinen Schritt nach dem anderen zu machen, nichts zu überstürzen – beginne also zunächst nur mit kleinen Versprechen. Wenn du zum Beispiel, so wie ich, Social Media machen möchtest, verspreche dir zum Beispiel, erst mal nur ein Video oder Foto die Woche hochzuladen. Wenn du dann merkst, dass du eine Routine entwickelst und es zur Gewohnheit wird, kannst du anfangen, dir immer mehr zu versprechen. So kommst du Schritt für Schritt deinem Ziel näher und füllst deinen inneren Regenbogen mit kräftigen Farben. Damit stärkst du dein inneres Selbstvertrauen. Das machst du auch bei deinen Freunden und

Umgib dich mit Menschen, die dir guttun.

deiner Familie, den Schulaufgaben oder der Arbeit. Wenn du etwas verändern möchtest, fang klein an. Wenn du an dem richtigen Punkt angekommen bist, kannst du dich auch leichter von Menschen trennen, die dir nicht guttun. Denn wenn dein inneres Selbstvertrauen stark genug ist, ist es einfacher, Menschen, die deinen Regenbogen verblassen lassen, gehen zu lassen.

Je mehr Versprechen du einhältst, desto größer und bunter wird dein Regenbogen. Je mehr du dich selbst enttäuschst, desto grauer und kleiner wird er. Wenn dein Regenbogen Farbe verloren hat, hast du dich vermutlich unter Druck setzen lassen, du machst dir zu viele Gedanken darüber, was andere über dich denken könnten, du fühlst dich nicht gut genug, du denkst, dein Leben ist nicht so schön wie das der anderen. Du gönnst niemanden etwas und gibst dich mit den falschen Leuten ab, die dich negativ beeinflussen und dir nicht guttun.

#kleineerfolge #onlyhuman

Falls dein Regenbogen derzeit eher grau ist, kannst du noch heute anfangen, ihn mit Farbe zu füllen. Ab heute, jeden Tag,

Schritt für Schritt. Bevor du aber anfängst, deinen Regenbogen mit Farbe zu füllen, ist eines wichtig zu wissen: Das, was du dir vornimmst und womit du anfängst, musst du durchziehen. Denn wenn du dir selbst Versprechen gibst und sie nicht einhältst, führt das genau zum Gegenteil: Dein Regenbogen wird wieder farblos. Du darfst dabei grundsätzlich nicht zu selbstkritisch sein. Du bist auch nur ein Mensch mit Fehlern und Schwächen und keine Maschine. Sei immer ehrlich dir gegenüber, achte darauf, dass du dir Pausen gönnst. Sei geduldig, warte auf den richtigen Zeitpunkt. Ich bin übrigens ein Mensch, der in der Ruhe und in der Langweile die besten Einfälle hat.

Wenn dein innerer Regenbogen bereits groß und bunt ist, hast du dir vermutlich Ziele gesetzt, an die du glaubst. Dann freust du dich sicherlich auch oft für andere und gönnst ihnen ihren Erfolg. Du bist positiv eingestellt, du hast deine Grundregeln fest im Griff und lässt dir von niemandem reinreden. Du setzt nicht alles nur auf Fame und Beliebtheit, sondern auf dein inneres Ich. Du möchtest für dich selbst glücklich sein. Du weißt, dass es dich nur einmal auf der Welt gibt, und vergleichst dich mit keinem, denn keiner ist wie du oder ich. Damit du diesen Punkt erreichst, musst du dir erst darüber bewusst werden, welches deine Talente sind: Es gab mal auf Instagram ein lustiges Bild von einem gut bestückten Brotregal im Supermarkt. Der

Sei dein größter Fan und Kritiker zugleich.

Text zum Bild lautete: »Wenn du dieselbe Idee oder das gleiche Talent wie andere hast, aber trotzdem unterschiedlich bist.« Ich finde das sehr schön, denn es gibt so viele leckere Brotsorten, weil wir alle einen unterschiedlichen Geschmack haben, aber trotzdem bleibt es am Ende einfach Brot.

#vertrauen #meinfundament

Na, hast du jetzt Appetit auf ein Nutella-Brot bekommen? Gib mir aber noch ein paar Minuten. Denn ich will mit dir noch über ein paar Themen reden, die sehr wichtig sind, um seinen Regenbogen zu füllen. Da wäre eine meiner Grundregeln: Vertrauen. Ich bin ein sehr offener Mensch, gehe auch immer auf Menschen zu und vertraue gerne. Doch trotz meines guten Bauchgefühls wurde auch ich schon öfter von Menschen verletzt, deren Versprechen nur leere Worte waren. Mein Vertrauen für diese Menschen hat dadurch natürlich weiter abgenommen. Ich konnte sehen, wie ihr Regenbogen immer dunkler wurde und sie sich irgendwann in dieser Dunkelheit selbst nicht mehr vertrauen konnten.

Einer Person, der ich blind vertraue, ist meine Mutter. Seit ich klein bin, geben mir meine Eltern unglaublich viel und unterstützen mich, wo sie können. Ich gebe ihnen meine ganze Liebe, mein Vertrauen und auch meinen Respekt als Geschenk jeden Tag zurück. Ich beschenke gerne meine Familie und meine Freunde. Und neulich konnte ich meiner Mama auch mal was ganz Besonderes zurückgeben. Ich nahm sie für einen Job mit nach Las Vegas. Wir beide sind damals das erste Mal in der First Class geflogen. Ich kann euch sagen: So ein First-Class-Flug hat nichts mit Fliegen zu tun. Das ist Entertainment pur. Du hast einen großzügigen Sitz und Liegebereich, es gibt super leckeres Essen und aufregendes Unterhaltungsprogramm. Wir hatten in Las Vegas eine unvergessliche Zeit. Für mich wäre das aber alles nur halb so schön gewesen, wenn ich es nicht hätte teilen können. Meine Mama in dem Moment so glücklich zu sehen, hat mich selbst so unglaublich glücklich gemacht. Ich bin einfach glücklich, wenn andere glücklich sind.

Bei Fantreffs ist es für mich das Schönste überhaupt, wenn ich jemandem nur durch meine bloße Anwesenheit ein Lächeln ins Gesicht zaubern und vielleicht auch nur einen Augenblick aus einer trüberen Regenbogenphase herausholen kann. Das ist auch ein guter Tipp für Tage, an denen es dir mal schlecht geht. Überlege doch mal, ob du jemandem eine Freude bereiten könntest. In dem Moment fixierst du nämlich deinen Blick nach außen. Anstatt auf das Innere, das in dem Moment vielleicht gerade verletzt und trübe ist. Ein Lachen von einem Menschen, den du gerne hast, ist Balsam für die Seele und bringt dir immer viel Farbe für deinen Regenbogen.

#fail #tryagain #failbetter

Doch selbst, wenn du alle Ängste und Sorgen hinter dir gelassen hast und losgelaufen bist, ist dein Ziel noch in weiter Ferne. Bau dir keinen Druck auf, wenn etwas nicht klappt oder du noch lange nicht da bist, wo du hin möchtest. In dem Moment, wenn du dich auf dem Weg zu deinem Ziel befindest und Durchhaltevermögen hast, wirst du es schaffen. Es wird immer Tage geben, an denen du zweifelst oder an dem einfach nichts nach Plan läuft, aber du darfst nicht erwarten, dass immer alles glattgeht und es einfach und leicht ist. Deshalb schafft es leider auch nicht jeder. Ich bin auch häufig gescheitert und hatte Tage, an denen ich dachte, dass das alles nicht klappt. Auch heute habe ich immer wieder Tage, an denen ich mir Sorgen um Sachen mache, die nebensächlich sind und sich meistens von alleine wieder lösen.

In dem Buch »Sorge Dich nicht – lebe!« von R. Corvey, das mich schon oft inspiriert hat, gibt es eine Story über einen Baum. Dieser kräftige und große Baum hält die größten Stürme aus, viele heftige Unwetter, und im Sommer trotzt er der brüllenden Hitze und Dürre. Aber dieser Baum lässt sich von klitzekleinen Maden, die man mit zwei Fingern zerdrücken könnte,

Hinfallen, Krone richten, weitermachen.

auffressen und geht schließlich daran ein. Wir Menschen sind oft auch so: Die größten Probleme meistern wir, stehen immer wieder auf, aber es sind die kleinen Dinge, die uns oft so aus der Bahn schmeißen. Deshalb sollten wir immer wieder aufstehen und auch aus unseren Fehlern lernen, es hat alles immer einen bestimmten Grund, warum etwas passiert. Daran glaube ich ganz fest. Lass dabei aber immer deine Schwäche und deine Fehler hinter dir – lerne aus ihnen, aber schaue nicht zurück, um dir selbst Vorwürfe zu machen. Manchmal muss man loslassen, um wieder Farbe in seinen Regenbogen zu bekommen, auch wenn es am Anfang aussichtslos scheint.

#dubisttoll #sowiedubist

Und was auch immer passiert, denke immer daran: DU BIST perfekt, so wie du bist. Dieser Spruch erinnert mich an ein Beauty-Event in Stuttgart. Am Stand, an dem ich ein »Meet & Greet« hatte, war alles mit Regenbögen geschmückt, es waren außerdem Sprüche in übergroßen Buchstaben an den Wänden. Das Thema war #beYOUtiful. Ich kann dir diesen Spruch wirklich ans Herz legen, denn sich selbst lieben zu lernen, ist das Beste, was dir passieren kann. Verstehe mich bitte nicht falsch, du sollst nicht selbstverliebt und arrogant sein, aber du sollst mit dir zufrieden sein und dich so mögen, wie du bist. Denn du bist einmalig. Sei immer lieber die beste erste Version von dir selbst als eine schlechte zweite Kopie. Sobald du anfängst, deinen Freunden oder deiner Familie etwas anderes vorzuspielen, verliert dein Regenbogen an Farbe. So wirst du auch schnell unsicher und verlierst dich selbst. Sei also immer ehrlich zu dir selbst. Ehrliches Verhalten zu dir selbst wird deinen Regenbogen immer mit viel Farbe stärken.

Ich weiß noch ganz genau, als ich einen meiner ersten größeren Aufträge bekam. Ich sollte damals fürs TV Stars interviewen und hatte dafür Zugang zum VIP- und Backstage-Bereich. Es war vieles, von dem ich immer geträumt hatte. Es wurde mir sehr viel versprochen, außerdem hätte ich einen mega Management-Vertrag bekommen. Ich steckte meine ganze Kraft da rein und habe mir so sehr gewünscht, dass es klappt. Mein damaliger Boss war sehr streng und hatte viele Anforderungen, die ich nicht erfüllen konnte oder wollte. Da ich den Job aber unbedingt wollte und ich quasi in der Probezeit war, gab ich trotzdem mein Bestes. Leider hatten wir komplett verschiedene Ansichten. Am Ende wollte er dann, dass ich mir auch noch

Du bist so schön, wie du dich fühlst.

meine Haare braun färbe und meine bunten Strähnen rausnehme. Ich saß zu Hause und war außer mir. Ich dachte, er wollte mich so, wie ich bin, und war fest überzeugt, wir blicken in dieselbe Richtung.

Ich musste tief in mich hineinhören: Sollte ich mir die Haare braun färben und die Erwartungen anderer erfüllen? Dadurch vielleicht einen Traum erfüllt bekommen – oder lieber ehrlich zu mir sein, mir treu bleiben, zu mir stehen und dafür auch einstecken und zurückstecken können …? Nun ja, wie du siehst, sind meine bunten Haare geblieben und meinen Weg habe ich trotzdem gemeistert.

#ausgutemgrund #prioritäten

Manchmal passiert etwas aus einem bestimmten Grund. Ich lebe jetzt ein Leben, das ich mir vorher nicht mal hätte erträumen können. Diese Situation hat mich sehr gestärkt, denn ich war ehrlich zu mir selbst und zu dem, was und wer ich bin. Bis heute kommen immer mal Leute zu mir, die sagen, dass ich ohne meine bunten Haare viel besser dran wäre. Ich mag meine bunten Haare, wenn ich sie irgendwann ändern sollte, dann nur, weil ich das auch wirklich selbst wollte. Vielleicht warst du auch schon in einer ähnlichen Situation und musstest eine Entscheidung treffen, die vielleicht nicht den Erwartungen deines Umfeldes entsprach. Steh zu dir und deiner Entscheidung, denn dadurch gewinnst du an Stärke. Erst dadurch werden dir ganz neue Türen geöffnet, die du vorher vielleicht gar nicht gesehen hast.

Manchmal muss man allerdings auch Langeweile genießen und sich erholen können. Auch das ist eine Priorität, die ich mir erarbeiten musste. Und sie ist jede Sekunde und jede Anstrengung wert.

Ich weiß genau, wie es ist, wenn viel ansteht, man viel zu tun hat und viel unterwegs ist. Man ist ständig auf dem Sprung und springt von einem Termin zum nächsten. Vielleicht bist du auch oft, neben deinem Schulstress, viel mit deinen Freunden unterwegs und stürzt dich von einem Abenteuer ins nächste. Ich finde es sehr schön, wenn man viel erleben kann, viel unternimmt  und sein Leben genießt. Ich zum Beispiel bin ein Mensch, dem schnell langweilig werden kann und der abenteuerlustig ist. In meinem Job nimmt das Unterwegssein immer mehr zu. Kürzlich war ich geschäftlich für zwei Wochen in Thailand, danach musste ich direkt zu einem Event nach London. Von da aus nach Stuttgart zu einem weiteren Beauty-Event, von Stuttgart ging es dann schließlich mit einem Kooperationspartner zum Skifahren nach Val Thorens. Zwischendurch ist mir trotzdem auch immer mal wieder langweilig. Kaum zu glauben, aber es stimmt. Ich

habe gelernt, mit meiner Langweile umzugehen und sie als Phase der Regeneration zu nutzen. Also meinen inneren Akku wieder aufzuladen, Kraft zu tanken. Meistens kommen mir in diesen Phasen die besten Ideen. Nutze deine freie Zeit, um deinen Kopf frei zu bekommen. Ich lese gerne, gehe trainieren, tanze, mache Yoga oder gehe auch einfach mal 'ne Runde spazieren. Dabei höre ich meine Lieblingssongs oder genieße einfach die Ruhe.

Ich schreibe sogar ab und zu Tagebuch, um ein paar Gedanken loszuwerden. Es sind diese ruhigen Minuten, in denen ich am besten in mich hineinhören und auf mich achten kann. Achtsam mit deinem Körper umzugehen, ist das Wichtigste, was du tun kannst, denn du hast nur diesen einen Körper und den musst du gut behandeln.

#talente #höreindichhinein #reflektion

Meistens entdecken wir in unserer ruhigsten Minute neue Talente, die in uns geschlummert haben. Wenn du Langeweile hast und zum Beispiel anfängst zu malen und dann bemerkst, dass du Spaß daran hast und Talent besitzt, gibt das deinem Regenbogen viel neue Farbe, mit der du viel ausmalen kannst. Wenn du so ein Mensch bist, der überhaupt nicht an sich glaubt, ständig zweifelt und denkt, er hätte keine Talente, dann lass den

Kopf nicht hängen. Es gibt so viele unterschiedliche Talente, die nicht nur mit Singen und Tanzen zu tun haben. Vielleicht hast du eine andere kreative Ader in dir und schießt etwa gerne Fotos, weißt immer, was der neueste Trend ist, und kennst dich mit Klamotten aus. Vielleicht bist du gut im Schreiben und kannst mal einen Blog führen oder für coole Magazine arbeiten. Du bist aufmerksam und immer für alle da und kümmerst dich? Dann hast du eine soziale Ader. Es gibt so viele Talente, die wir nutzen sollten. Sie machen uns glücklich und motivieren uns, bringen uns zum Lachen oder lenken uns einfach ab. Egal welches Talent du besitzt, nutze es.

Ich möchte dir für den Moment noch eine Übung mitgeben. Stell dir vor, du verlässt die Schule, deine Arbeitsstelle oder deinen Verein. Stell dir kurz vor, was genau die Leute, wenn

First comes first. Let yourself be first, always.

sie von dir reden, erzählen sollten. Ich bin normalerweise kein Mensch, der sich zu viele Gedanken darüber macht, was andere über mich denken. Aber wenn es um Grundregeln und um Respekt für andere geht, ist dies ein schönes Gedankenspiel. Dadurch kannst du dich selbst besser reflektieren und darüber nachdenken, wer du wirklich bist und wie du von deinem Umfeld wahrgenommen werden möchtest.

Puh, das war natürlich wieder ganz schön viel zum Nachdenken und Verstehen, oder? Deshalb habe ich dir das alles mal in acht kleinen Schritten zusammengefasst – acht einfache Regeln, die dir helfen, deinen Regenbogen zu füllen:

- ♥ Halte die Versprechen, die du dir selbst gibst
- ♥ Schreibe dir eine To-do-Liste und arbeite alles Schritt für Schritt ab – und zwar nacheinander
- ♥ Bring zu Ende, was du angefangen hast
- ♥ Vergleiche dich mit keinem
- ♥ Tue Gutes, damit dir Gutes geschieht
- ♥ Versuche, nichts Negatives über dich zu denken
- ♥ Gönne dir heute etwas, das dir Spaß und Freude bereitet
- ♥ Glaube an dich und fange an, dich selbst zu mögen

Ich freue mich auf die vielen weiteren Entdeckungen, die wir entlang deines Regenbogens noch zusammen machen werden. Und jetzt gönne auch ich mir eine kurze Pause zum »Auftanken« meines roten Regenbogen-Powerstreifens. Denn es gilt: Wer sich selbst liebt, muss Prioritäten setzen, du kennst das Spiel jetzt.

3

#orange

Wie ich bereits anfangs erwähnt habe, ist es wichtig, jedes Kapitel zu lesen, um den Regenbogen in allen Farben zu sehen. Und in diesem Kapitel geht es weiter mit der Farbe Orange, die für Ausgelassenheit und Neugier steht. Im Kapitel zuvor war es die Farbe Rot. Orange und Rot verbindet etwas – nämlich die Wärme und die Strahlkraft, die von der Farbe Gelb ausgehen, die das nächste Kapitel bestimmen wird. Aber zurück zum Jetzt, der Farbe Orange und wie du mithilfe der folgenden Lektionen dein kunterbuntes Leben unter Kontrolle bekommst. Orange steht für das Leben, für Fröhlichkeit und die Jugend. Lass uns also deinen Regenbogen weiter mit der Farbe Orange ausfüllen.

#kontrolle #Verantwortung

Wie glücklich und bunt das Leben und dein Regenbogen erscheinen, hängt nämlich nur von deiner Entscheidung ab, wie glücklich und bunt du sein möchtest. Es gibt nur zwei Arten von Menschen: diejenigen, die die Verantwortung für ihr Leben selbst übernehmen, und die Menschen, die alles mit sich machen lassen. Damit geben sie die Verantwortung an andere ab und warten stets darauf, dass etwas geschieht, statt selbst etwas für ihr Glück zu tun.

Ich glaube fest daran, dass wir unser Glück, Unglück – oder wenn du so willst, auch unser Schicksal – selbst in der Hand haben. Wir selbst entscheiden über proaktiv und reaktiv.

Klang irgendwie kompliziert, deshalb habe ich für diese beiden Zustände schönere Formulierungen gefunden: Ich nenne sie »*Send Help*« für reaktiv und »*Self Help*« für proaktiv.

Wie die beiden Begriffe entstanden sind? Ursprünglich war »*Send Help*« ein Code zwischen einem meiner besten Freunde und mir. Immer dann, wenn uns etwas Dummes passiert ist, der Tag nicht so lief wie geplant oder einer von uns wegen irgendwas das Gefühl hatte, die Kontrolle über sein Leben verloren zu haben, sendeten wir uns diesen Code. »*Self Help*« ist in meinen Augen das passende Gegenstück.

#selfhelp

Wenn du dein Leben fest im Griff hast und schon auf dem Weg zu einem bunteren Regenbogen bist, befindest du dich im *Self-Help-Modus,* der dir jetzt und auch in Zukunft weiterhelfen wird.

Denn im *Self-Help-Modus* zu sein bedeutet, in keiner Situation ein Problem, sondern immer nur eine Lösung zu sehen. Du stresst dich nicht mit etwas, das noch gar nicht geschehen ist, und bleibst die Ruhe selbst. Hmm, leichter gesagt als getan, was?

Ich habe schon wirklich viele Höhen, aber mindestens genauso viele Tiefen durchlebt. Zwar kann ich nur aus meinem aktuellen Erfahrungswert schöpfen, aber ich glaube fest daran, dass man dieses Grundprinzip auf jede Situation anwenden kann – sofern man es verstanden hat und richtig umsetzt.

Self-Help-Menschen, wie der Name auch schon sagt, helfen sich selbst. Das hat nichts mit Egoismus zu tun, sondern mit innerer Gelassenheit und Selbstverantwortung über die Gefühlswelt. Diese starken Persönlichkeiten setzen das um, was sie sich vornehmen, und sind nicht schnell beleidigt. Sie wissen, dass Dinge auch mal schieflaufen – aber man aus dem Fehler lernen und es beim nächsten Mal besser machen kann.
Für jedes Problem finden sie eine Lösung und lassen sich niemals von anderen den Tag mit schlechter Laune verderben. Sie übernehmen die Verantwortung für ihr Handeln und denken nach, bevor sie etwas tun. Sie finden immer einen Weg, um an ihr gesetztes Ziel zu kommen, kämpfen wenn nötig dafür und lassen sich durch nichts und niemanden unterkriegen. Sie konzentrieren sich nur auf Dinge, die sie ändern können, statt Energie auf die Dinge zu verschwenden, die ohnehin nicht in ihrem Kontrollbereich liegen.

#sendhelp

Send-Help-Menschen suchen immer nach Hilfe von außen und sehen sich konstant als Opfer. Sie fahren schnell aus ihrer Haut und sagen aus Wut oft Dinge, die sie später bereuen. Sie warten darauf, dass das Glück vom Himmel fällt, und ändern sich nur im äußersten Notfall. Über alles und jeden wird gemeckert, sie sind schnell eingeschnappt – und grundsätzlich sind alle anderen schuld am eigenen Unglück oder an der Unzufriedenheit.

Du bist ein solcher Send-Help-Mensch, wenn du nicht nachdenkst, bevor du etwas tust. Ein einfaches Beispiel: Du siehst ein Bild auf Instagram oder ein Video auf TikTok und dir gefällt etwas daran nicht. Aus deinem Impuls heraus tippst du los – und kommentierst etwas Verletzendes, schickst es ab, ohne darüber nachzudenken. Dass derjenige, der das Video gepostet hat, auch Gefühle hat, sich den Kommentar vielleicht zu Herzen nimmt und sich Gedanken darüber macht, übersiehst du dabei völlig. Wenn er oder sie dann vielleicht sogar auch eine *Send-Help-Persönlichkeit* ist, lässt sie es zu, sich ihren Tag von solchen Hater-Kommentaren zu versauen. Ihr seid also beide in der *Send-Help-Position* – und tut euch gegenseitig weh. Bewusst oder unbewusst, es tut einfach unnütz weh.

Das Ganze hat natürlich, wie immer, auch etwas Gutes. Denn du hast die Wahl. Willst du wirklich ein *Send-Help-Mensch* sein, der Hater-Kommentare postet oder der sich von negativen Kommentaren den Tag versauen lässt? Oder bist du die *Self-Help-Person*, die nachdenkt, bevor sie etwas sagt, kommentiert oder sich nicht von einer Kritik unterkriegen lässt? Hör einfach gründlich in dich hinein, bevor du diese Entscheidung für dich triffst.

Sind wir mal ganz ehrlich: Wir können unser Umfeld nicht kontrollieren. Aber du hast die Kontrolle darüber, wie du darauf reagierst. Send-Help-Menschen reagieren oft zu schnell, zu laut

Deine größte Stärke? Dein Glaube an dich selbst!

und aus einer Opferrolle heraus. Ein *Self-Help-Charakter* dagegen reagiert ruhig und gelassen, selbst die ärgste Provokation wird nicht an ihm rütteln.

#beyourbestversion #sharingiscaring

Woran man *Send-Help-Menschen* am schnellsten erkennt? Ganz einfach daran, dass sie immer die Verantwortung auf andere schieben möchten.

Ständig hört man von ihnen Sätze wie:
Der Lehrer ist schuld.
So bin ich nun mal.
Dafür kann ich nichts!
Du hast mir schlechte Laune gemacht.
Du bist schuld, dass ich nicht gewonnen habe.
Wäre ich hübsch, reich und beliebt, dann wäre alles viel einfacher.
Und so weiter ...

Durch dieses passive, reaktive Verhalten geben *Send-Help-Menschen* anderen die Macht, über ihre Laune zu bestimmen, wann immer sie das möchten. Du wirst zum Spielball ihrer Launen. Manchmal ist es leider noch viel komplizierter: Im schlimmsten Fall kann sich ein labiler Mensch sogar derartig manipulieren lassen, dass es ein tragisches Ende nimmt, wie etwa bei einem 16-jährigen Mädchen aus Malaysia: Statt ihren Hilferuf zu erkennen, wurde sie so stark gemobbt, dass sie keinen anderen Ausweg sah, als sich das Leben zu nehmen, nachdem die Instagram-Community für den Suizid abgestimmt hatte.

Du siehst also, welchen Einfluss die Meinung anderer auf *Send-Help-Menschen* haben. Und es hat auch mit Verantwortung gegenüber diesen verletzlichen Menschen zu tun, sie vor der Macht der Masse und quasi vor sich selbst zu schützen. Meine Bitte kommt von Herzen: Wenn du jemanden kennst, der in einem solchen Strudel der Gefühle steckt, gib ihm etwas von deiner orangefarbenen *Self-Help-Power* ab und sprecht gemeinsam über eine Lösung – oder eben das *Self-Help-Prinzip*. Schon ein kleiner Strahl in Orange kann das grauste Dunkel erhellen.

Erinnerung: **Markiere dir die Textstellen, die du wichtig findest. Sie könnten dir im Leben helfen.**

»Alles, was du brauchst, sind Hoffnung und Kraft. Die Hoffnung, dass alles irgendwann besser wird, und die Kraft, es bis dahin durchzuhalten.«

#veränderung

Dieses Kapitel finde ich persönlich eine der härtesten Lektionen. Ich war als Teenager selbst ein *Send-Help-Mensch* – und bin es noch immer in einigen Punkten. Es gehört eine Menge Mut und Selbstreflexion dazu, mir einzugestehen, dass ich einfach noch nicht ausgelernt habe. Gerade in meinem Beruf muss man *Self-Help-Eigenschaften* beweisen, Tag für Tag. Stell dir vor, ich würde mir von jedem miesen Kommentar den Tag verderben lassen – dann hätte ich ja nur noch Gründe, um schlecht drauf zu sein. Und tatsächlich sind es ja in meinem Beruf nicht nur die Kommentare, sondern gleichermaßen die Presse wie kritische Kunden, die leider häufig vergessen (oder ignorieren!), dass wir keine Maschinen sind. Hinter unseren Bildern stecken echte Menschen mit Gefühlen.

Ich bin mir immer darüber bewusst, dass ich in meiner Rolle eine große Verantwortung trage, und arbeite jeden Tag hart an der Verwirklichung meines Traums. Dieses Buch zum Beispiel habe ich im Januar 2019 angefangen zu schreiben und es kam zur Frankfurter Buchmesse 2019 heraus. Viele Stunden und noch viel mehr Gedanken habe ich in das Buch investiert und saß Tag und Nacht an diesem Herzensprojekt. Hätte ich die Hände in den Schoß gelegt und gewartet, dass es fertig geschrieben vom Himmel fällt, hättest du heute nichts als blanke Seiten und leere Versprechungen in der Hand. Viele glauben ja zu wissen, was es bedeutet, ein Influencer zu sein – und in solchen Augenblicken meldet sich manchmal noch die *Send-Help-Person* in mir zu Wort, weil ich bei diesem Punkt tatsächlich am liebsten aus der Haut fahren würde.

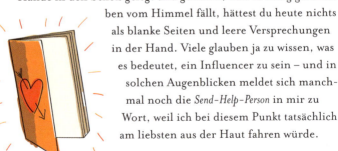

Aber zum Glück habe ich mich bewusst für die Self-Help-Rolle entschieden und bewahre dann doch die Ruhe und gehe diplomatisch mit provokanten Situationen um. Natürlich nicht zuletzt auch dank meines Mega-Teams und meiner Familie, die immer hinter mir stehen. Und wie gesagt, man lernt nie aus – und die wichtigste Erkenntnis dabei ist, dass jeder für sich selbst entscheiden und sein Leben kontrollieren kann. So habe ich gelernt, mich, mein Umfeld, meinen Lifestyle und ja, sogar meine größten Kritiker zu akzeptieren.

#positivegedanken
#resonanz

Wir können nicht bestimmen, in welche Familie wir geboren werden. Welchen Wohlstand wir darin genießen oder welche Nationalität wir bekommen. Auch nicht, wie andere uns behandeln. Moment – da gibt es aber sehr wohl etwas, das wir selbst kontrollieren, nämlich wie wir auf äußere Einflüsse reagieren und handeln. Das zu erkennen ist das eine, es sinnvoll für dich umzusetzen, das andere. Im Grunde fängt zunächst alles mit dem Aufhören an: Höre auf, dir über Dinge den Kopf zu zerbrechen, die außerhalb deiner Kontrolle liegen. Weil sie nicht zu ändern oder vielleicht sogar noch gar nicht eingetreten sind.

Auch ich war so: Alle Worst-Case-Szenarien wurden in stressigen Momenten automatisch in meinem Kopf abgespult, um mir das Gefühl zu geben, auf alle Eventualitäten vorbereitet zu sein. Dann kann einen doch nichts mehr überraschen, oder? Na ja.

Hat mir das irgendwas gebracht? Ja, viel zu viel negativen Ballast in meinem Kopf. Wirklich geholfen hat mir jedoch das Buch von Dale Carnegie »Sorge dich nicht, lebe«. Vielleicht hast du ja auch irgendwann mal Lust und Zeit, es zu lesen. Und vielleicht inspiriert es dich ebenso wie mich.

Wenn sich auch mal kleine Gewitterwolken um deinen leuchtenden Regenbogen sammeln, ist das vollkommen okay. Du sollst weder dir noch deiner Umwelt einreden, sie wären nicht vor-

Don't stress yourself out with things you can't control or change

handen. Nimm sie stattdessen an und versuche, das Beste daraus zu machen. Schließlich lässt Regen auch die Blumen blühen, oder etwa nicht? Jeder von uns hat jeden Tag mit irgendetwas zu kämpfen. Die Laune müssen wir uns aber deshalb nicht verderben lassen. Und selbst wenn wir auch mal an unserem eigenen Ärger scheitern, ist das noch lange kein Grund, andere darunter leiden zu lassen.

Du hast Wut im Bauch? Okay! Du bist über eine Sache super enttäuscht, gekränkt oder mit dir selbst unzufrieden? In Ordnung! Du bist eben auch nur ein Mensch und lernst aus deinen Fehlern und Schwächen. Solange dir das bewusst ist, bist du nach wie vor auf dem richtigen, leuchtend orangefarbenen Weg zum ganzen Spektrum deines Regenbogens. Wie ich schon in diesem Kapitel erwähnte, gibt es natürlich auch Dinge und Erlebnisse, die wir nicht alleine mit uns ausmachen können und sollten. Ein Verlust, ein Unfall oder ähnlich schlimme Erfahrungen nehmen uns manchmal die Fähigkeit, uns selbst helfen zu können. Aber selbst dann könnt ihr die Kontrolle übernehmen und euch Hilfe suchen, mit einem Vertrauten wie zum Beispiel deinen Eltern oder deinem besten Freund darüber sprechen.

Ich kenne viele Geschichten von Leuten, denen Schlechtes widerfahren ist – doch statt sich unter der Decke zu verstecken, haben sie sich gegen das schlechte Gefühl entschieden, von ihrer Story erzählt, andere ermutigt, anderen Opfern geholfen und dadurch Kraft geschöpft.

#vorbild #duschaffstdas

Ein Sprichwort sagt: Nur wer selbst brennt, kann Feuer in anderen entfachen. Und meine Flamme leuchtet jeden Tag regenbogenbunt. Es macht mich wirklich stolz, für mittlerweile so viele ein Vorbild sein zu dürfen. Die Tatsache, mit dir einen Teil meines Lebens und meinen positiven Lifestyle zu teilen, um dich dadurch mit neuen Impulsen zu inspirieren, bereichert

Gönn es dir, stolz auf dich zu sein.

meinen Beruf mit unendlich viel Freude. Vergiss nie, ob du Erfolg hast oder nicht, entscheidest du selbst. Du hast selbst in der Hand, wie bunt dein Regenbogen wird, wenn du die Verantwortung für dein Leben übernimmst und eine »Ich schaffe das«-Einstellung einnimmst. Ich weiß noch, als ich am Anfang meiner Karriere stand und mir diese Einstellung angeeignet habe. Ich startete als Moderatorin bei einem kleinen Facebook-Blog und freute mich über jeden noch so kleinen Moderationsjob. Es gab dafür kein Geld, aber viele Möglichkeiten – und viel zu lernen. Schon bald stieg meine Bekanntheit in der Branche und ich hatte meinen ersten bezahlten Moderationsjob beim Frankfurter Oktoberfest für vier Wochen in der Tasche. Ich war super happy und stolz darauf, dass ich an mich geglaubt habe. Dass es sich endlich bezahlt machte. Von den Erfolgreichen habe ich mir in dieser Zeit auch eines abgeschaut: dass sie sehr genau selektiert haben, wer ihnen guttat und sie voranbringen konnte.

Auch das ist eine wichtige Lektion, die man lernen muss. Denn je leuchtender dein Regenbogen scheint, desto mehr zieht er auch Energievampire an. Sie zecken sich bei dir ein, saugen an deiner Leuchtkraft und bevor du dich versiehst, lassen sie dich und deinen verblassten Regenbogen fallen. Die starke Farbe Orange hat dabei eine enorme Anziehungskraft. Sie macht dich attraktiv und kann auch andere mit Wärme, Sicherheit und Zuversicht erfüllen. Vergiss dabei nur bitte nicht, dass du deinen Regenbogen immer wieder selbst auffüllen musst – achte stets auf deine innere Balance.

Hier acht praktische Self-Help-Tipps für dich:

- Wenn dich etwas wütend oder traurig macht, leite die Energie um in eine Lösung für das Problem
- Übe dich darin zu erkennen, was du nicht kontrollieren kannst und was sich zu überdenken lohnt
- Drücke auf deinen inneren Stopp-Knopf, wenn du das nächste Mal auf jemanden losgehen möchtest
- Versuche reaktive Sätze wie »Ich muss, ich will nicht, aber er hat doch, du bist schuld … etc.« zu meiden
- Um über dich hinauszuwachsen, mache heute etwas zum ersten Mal und genieße deinen Mut
- Schreibe dir einen Leitsatz auf, zum Beispiel: Ich werde meine Ängste, meine Wut, meine Emotionen nicht darüber entscheiden lassen, wie ich mich fühle.
- Wenn du etwas ungerecht empfindest, wie zum Beispiel eine Note, sprich proaktiv mit deinen Eltern und Lehrern, was du besser machen kannst
- Schreibe deine schlechteste Gewohnheit oder Eigenschaft auf und versuche, jeden Tag daran zu arbeiten

Im nächsten Kapitel wartet eine Sonne auf dich, ein Spiegel und jede Menge Neues über dich selbst. Danach wird die Farbe Gelb dein Regenbogenspektrum mit ganzer Leuchtkraft erhellen, ich freue mich darauf!

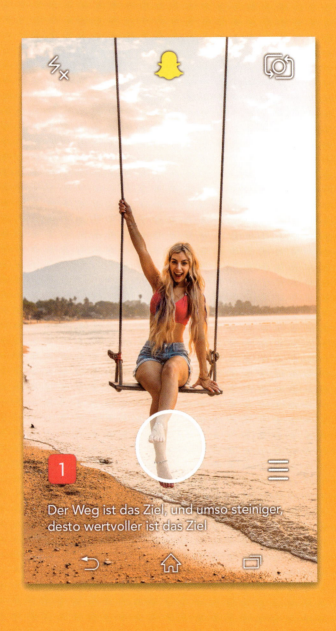

#gelb

Nun geht es weiter mit der Farbe Gelb. Sie steht für das Licht und ist der hellste Ton im Farbkreis. Ihre intensive Leuchtkraft vermittelt viel Freude – und wenn ich an sie denke, bekomme ich immer direkt gute Laune. Ich mag dieses Kapitel, weil ich auf deine Träume und deine innere Sonne eingehe – wie du selbst zur Sonne wirst und strahlen kannst. Eines meiner Lieblingszitate passt hier perfekt: Wenn dir die Sonne nicht scheint, scheine selbst.

Aber um deine innere Sonne zu finden, musst du dir sicher sein, wie sie auszusehen hat. Weißt du, wie deine Sonne aussehen soll? Hast du die fertige Sonne vor deinen Augen? Oder fällt dir die Vorstellung schwer? Das macht gar nichts, denn ich werde dir dabei zur Seite stehen.

Dieses Kapitel wird dir helfen, schon am Anfang das Ende im Blick zu haben. Denn das ist wichtig für deinen Weg: Wenn du nicht weißt, wie deine innere Sonne aussehen soll, kannst du sie auch nicht finden. Ohne einen Plan, wie du zu ihr gelangst, wird deine Suche vergebens sein. Dein Ziel, von innen heraus zu strahlen, wird dann scheitern.

#neuewege

Wenn du der Typ Mensch bist, der vielleicht heute nicht mal weiß, wie es morgen bei dir aussieht, brauchst du jetzt nicht dieses Buch wegzulegen und darüber nachzudenken, wo du mal landen möchtest. Beruhigt es dich, wenn ich dir sage, dass ich auch nicht in jedem kleinsten Detail meine Zukunft im Blick habe? Ich weiß zum Beispiel noch nicht, wen ich mal heiraten möchte.

Es geht nicht darum, schon alles in Stein zu meißeln und jede Abzweigung des Pfades zu kennen – sondern um den Gedanken, in welche Richtung es überhaupt gehen soll. Du brauchst einen Weg, der dich leitet. Kennst du vielleicht den Spruch »Der Weg ist das Ziel«? Der war mir auch lange nicht schlüssig, bis ich in ein Alter kam, in dem ich anfing, mehr und mehr eigene Wege zu gehen und Verantwortung für meine Entscheidungen zu übernehmen. Auch eine Entscheidung kann man als Weg verstehen, denn sie kann enormen Einfluss auf deine zukünftigen Ziele nehmen.

Dafür braucht es noch eine ganz wichtige Eigenschaft: Geduld. Das Erreichen unserer Ziele auf hoffentlich maximal sonnenbeschienenen Wegen kann manchmal länger dauern, als uns vielleicht lieb ist. Wenn du also etwas für dich Wichtiges in der

Zukunft planst und dich die Ungeduld packt – atme kurz durch, hole deine innere Sonne hervor und tanke Kraft und Ruhe. Wie ein Schmetterling auf einem warmen Stein.

Wie ich schon in vielen Interviews erzählt habe, bin ich bereits viele Wege gegangen – und glaube mir, ich stand nur allzu oft in Sackgassen. Mit zwölf Jahren war ich bei meinem ersten Casting, nichtsahnend, dass ich irgendwann mal Instagram benutzen und dieses Buch schreiben würde. Fest stand aber für mich schon direkt, dass ich meiner kreativen Ader nachgehen und tun wollte, was mich glücklich macht. Ich bin schon immer ein Mädchen gewesen, das gerne und viel träumt. Denn ich glaube fest daran, dass Träume wahr werden können. Das war stets der innere Motor, der mich antreibt, und ist es noch heute. Wie oft saß ich einfach rum, habe Musik gehört und vor mich hingeträumt. Wie ich mal auf einer Bühne stehen werde, schöne Kleider trage, wie ich die Leute glücklich mache und sie mit meinem Spirit mitreiße. Von so vielen Dingen habe ich geträumt, die heute schon in Erfüllung gegangen sind – und bis heute träume ich bewusst vor mich hin. Aus diesen Träumen entstehen meistens auch die besten Inspirationen. Und sie zeigen mir jeden Tag auf, was ich noch erreichen möchte, wo ich hinmöchte und ob ich auf dem richtigen Weg dorthin bin.

#übung #derinnerespiegel

Deshalb gebe ich dir jetzt den Tipp, dieses Buch gleich für einen Augenblick zur Seite zu legen. Gehe an einen ruhigen Ort, höre dort vielleicht deinen Lieblingssong und genieße die Momente,

Follow your dreams, they know the way

in denen du anfängst zu träumen. Denke nicht an die Sachen, die dir vielleicht heute passiert sind. Lass deine Sorgen los, denke vielleicht auch nicht an deinen Pickel, deinen Ex oder deinen Lover, nicht an die Hater oder die Menschen, die dir ausreden, das zu sein, was du gerne sein möchtest. Dann fang an zu träumen und triff dich in deinem Traum selbst, aber nicht die Person, die du gerade bist, sondern die Person, die du gerne sein möchtest. In einem Jahr oder in zwei Jahren oder wenn du erwachsen bist. Wie siehst du in deinem Traum aus, wie fühlst du dich und welche Eigenschaften zeichnen dich aus? Wo willst du stehen? Versuche dir dein Traumleben auszumalen und denke darüber nach, wie du diese Träume verwirklichen kannst. Wenn das beim ersten Mal noch nicht so gut klappt, kannst du dich auch ganz nah vor einen Spiegel stellen – man nennt das den »Blick in die Seele«. Bei manchen funktioniert diese Methode etwas leichter als die reine Vorstellungskraft. Probiere es doch einfach gleich mal aus.

Wenn du dir Zeit für diese Übung genommen hast, bist du mit deiner inneren Sonne in Kontakt gekommen. Jetzt wird dir bestimmt auch klar, wer oder was diese Sonne ist, oder? Das bist du selbst, sie symbolisiert deine innere Kraft. Sie ist unvoreingenommen, rein und frei von belastenden Gedanken. Sie zweifelt nicht, sondern treibt dich an, stets die beste Version von dir selbst zu sein. Versuche nun, deiner inneren Sonne zu folgen, vertraue ihr und schöpfe aus ihr immer wieder die nötige Energie, um bewusst den nächsten Schritt in die richtige Richtung deines Weges zu gehen.

#regentage #leitbilder

Auf vielen deiner Wege wird es auch ganz sicher mal holprig, unbequem und der Himmel scheint gar nicht mehr aufhören zu wollen, wie aus Eimern zu schütten. Das ist leider ganz normal und passiert wirklich jedem. An diesen Tagen, an denen du manchmal vor lauter Unwetter deinen Regenbogen nicht mehr siehst und vielleicht Angst hast, von der Bahn abzukommen, können dir Zitate und ein Leitbild helfen. (Übrigens: Es gibt viele ähnliche Begriff für Leitbild, zum Beispiel Credo, Prinzipien oder Grundsätze. Sie beschreiben alle das Gleiche. Leitbild gefällt mir persönlich allerdings am besten.)

Bilder oder Worte vor Augen zu haben, hilft uns, an unser Ziel zu kommen, egal ob du sie als Inspiration im Internet gefunden oder sie in deinem Kopf hast – wie in einem kleinen, mentalen Schmuckkästchen. Ein solches Leitbild zu haben ist elementar, denn in schwachen Momenten hält es dich warm und spendet dir inneres

Glück oder Zuversicht. Du stärkst damit deine innere Sonne, die den Regen, das Unwetter und düstere Gedankenwolken verdrängt.

Dein Leitbild kann aus Bildern, Collagen, Liedern und Worten bestehen. Vielleicht auch nur aus einem einzigen Spruch, der dir die Welt bedeutet. Lass dich von deinen Träumen treiben, dieses individuelle Leitbild ist nur für dich allein und soll dich inspirieren.

#stärken #schwächen #potenzial

Ein Leitbild ist besonders wichtig bei Druck oder Misserfolgen, denn dein größtes Hindernis auf deinem Weg bist meist du selbst. Es hilft dir, stärker zu werden und Steine auf dem Weg nicht erst zu bemerken, wenn du drüber fällst – sondern sie vorher zu erkennen und zu umgehen. Es wird dich niemals einfach stehen lassen, ignorieren oder wegziehen. Es bleibt so lange bei dir, wie du es brauchst, und ihr könnt gemeinsam wachsen.

Um ein passendes Leitbild für dich zu finden, musst du dich erst einmal selbst kennenlernen und wissen, was du dir im Innersten wirklich wünschst. Definiere realistische Ziele, bei denen deine Sonne dich stärken und dir den Weg weisen soll. Dieser »Egotrip« im besten Sinne beginnt mit dem Hinterfragen deiner wahren Stärken. Es gibt unzählige davon – genauso wie Schwächen. Es ist wichtig, beide Seiten zu kennen. Denn nur so kannst du dein volles Potenzial erkennen und für dich nutzen.

Als Kind in der Grundschule dachte ich zum Beispiel, ich hätte keine Talente. Ich konnte nicht basteln, nicht malen, hatte keine schöne Schrift. Aus heutiger Sicht war das pädagogisch völlig absurd. Nur weil meine Bilder kunterbunt waren, waren sie nicht falsch, wie meine damalige Kunstlehrerin mir weismachen wollte. In der Kunst gibt es kein richtig oder falsch, nur leider habe ich das erst sehr viel später gelernt. Geprägt hat es mich dennoch.

Natürlich bist du heute schon ein ganzes Stück älter, als ich es damals war, und auch die Pädagogik hat sich entwickelt. Im Grunde gibt es nichts, was du nicht erreichen kannst, wenn du es denn willst. Zwinge dich aber niemals zu etwas, um anderen etwas zu beweisen. Du magst sogar damit für den Moment Erfolg haben, jedoch erfüllt es dich nicht auf Dauer. Denn du hast es nicht für dich getan. Es mag wie eine Stärke aussehen, selbstlos zu handeln, um anderen zu gefallen – ist es aber nicht. Wahre Stärke würde sich beweisen, indem du für deinen eigentlichen Wunsch einstehst und mit einem bewussten »Nein« sogar Enttäuschung bei deinem Gegenüber riskierst. Dein Nein könnte dir sogar als Schwäche ausgelegt werden – was tatsächlich

Unsere Schwächen machen uns sympathisch.

eines der größten Irrtümer der Kommunikation ist. Versuche es, und du wirst sofort spüren, dass du innerlich daran wächst. Und deine innere Sonne strahlt vor Stolz im hellsten Gelb der ganzen Welt.

#selbsterkenntnis #yingyang

Nun aber mal ans Eingemachte: Bist du vielleicht wortgewandt, ein Zahlengenie, kreativ, sportlich, einfühlsam, bist tolerant oder ein Teamplayer? Kannst du gut singen, tanzen, gut zuhören, malen, zeichnen, bist musikalisch, kannst dir viele Dinge merken, bist zuverlässig, kannst gut formulieren und tolle Sachen schreiben? In jedem von uns schlummert mindestens ein Talent, das dich ganz außergewöhnlich macht. Worin bist du besonders gut – oder sagen wir besser: Was bereitet dir die größte Freude, wenn du es tust? Und ganz wichtig: Man muss kein Profi in einer Sache sein, aber man kann es werden. Stelle dir bei Gelegenheit doch selbst die Challenge, deine Stärke zu benennen, vielleicht in einer ruhigen Minute in der Schulpause, in der Mittagspause auf der Arbeit oder bei einem ausgedehnten Spaziergang. Sei mutig und unvoreingenommen – peinlich ist hier gar nichts.

Gleiches, wenn auch unangenehmer, gilt für deine Schwächen. Auch sie gehören zu dir und deiner Sonne. Wo Licht ist, gibt es auch Schatten. Betrachte sie

»All our dreams can come true, if we have the courage to pursue them.«

WALT DISNEY

nicht als Feind, sondern als notwendige Maßnahme, ohne die es keinen Gegenpol gibt, der deine Stärken stützt. Es bedarf einer ordentlichen Portion Mut, sich seinen Schwächen zu stellen und sie zu akzeptieren. Sie verlieren an Macht und Einfluss ab der Sekunde, wo du sie konkret benennen und zu ihnen stehen kannst, das kann ich dir versprechen. Es mag jetzt vielleicht seltsam klingen, aber du kannst eine Schwäche sogar zu einer Stärke umwandeln.

Ein Beispiel: Du bist manchmal vergesslich und meldest dich bei einem Freund nicht wie abgemacht. Er wirft dir vor, ein unzuverlässiger Freund oder Freundin zu sein, was dich in dem Moment natürlich verletzt. Doch wenn dir dieser Gedanke in den Sinn kommt und dir die Person etwas bedeutet, beiß in den sauren Apfel! Suche das Gespräch, erkläre ihm oder ihr, woran es liegt, und bereinige das Missverständnis. Am besten, ihr vereinbart einfach eine Lösung, die euch beiden hilft und keinen von euch mehr mit schlechten Gefühlen zurücklässt, wie beispielsweise eine lieb gemeinte »Reminder-Mail«. Du hast Mut bewiesen, die kurze Kränkung überwunden und deine Schwäche zugegeben. Das stärkt deine Sonne und bereichert nicht bloß deinen Regenbogen, sondern auch eure Freundschaft um eine außergewöhnliche Farbauffrischung.

Am Ende wird alles gut werden und wenn es noch nicht gut ist, dann ist es noch nicht das Ende

#inspiration
#quellen

Magst du an diesem besten Freund, deinem Bruder oder deinem Lieblingsstar etwas besonders gern? Dann ist er in diesem Moment, für eine bestimmte Sache oder mehrere, dein Vorbild (oder auch Idol). Du empfindest es als erstrebenswert, so zu sein, und übernimmst daraus etwas für dein eigenes Leitbild. Wenn du dir einen Moment der Ruhe für dich genommen hast,  um dich mal genauer zu betrachten, fang an, dein Leitbild aufzuschreiben. Du kannst zum Beispiel dafür auch eine neue Notiz in deinem Handy anlegen – das mache ich unterwegs ständig, um keinen wichtigen Gedanken, Impuls oder Inspiration zu vergessen. Echt praktisch.

Besonders inspirierend und nur allzu oft passend finde ich persönlich Zitate rund um mein Sternzeichen Stier. Welches Sternzeichen hast du? Und hast du dich auch schon mal in einem Sternzeichen-Zitat wiedererkannt? Du findest beispielsweise auf Pinterest eine wunderbare Auswahl. Wenn sie dich berühren, dann füge sie doch zu deinem Leitbild hinzu. Meine beiden Lieblingszitate, eins zum Stier und eins über das Leben, habe ich auch dort entdeckt und lese sie immer wieder gern:

»Stiere sind einfach unerschütterlich. Egal wie oft sie stolpern, sie stehen wieder auf – stärker als zuvor.«

»Wenn du es dir vorstellen kannst, kannst du es tun. Aber wenn du es träumen kannst, kannst du es sein.«

Zum Abschluss für dieses erkenntnisreiche Kapitel, hier noch meine acht Tipps für dein starkes Sonnen-Leitbild:

- ♥ Lass dich niemals von deinem Weg abbringen, wenn du fest an das Ziel glaubst
- ♥ Sei stets freundlich und respektvoll zu deinem Umfeld
- ♥ Achte auf dein Karma – was du aussendest, erhältst du zurück
- ♥ Betrachte nichts als selbstverständlich und sei dankbar für alles
- ♥ Bevor du andere ändern möchtest, arbeite an dir selbst
- ♥ Vertraue auf die Taten anderer, nicht auf deren Worte
- ♥ Bleibe dir und deinen Werten immer treu
- ♥ Lese dein Leitbild immer wieder, bis du es auswendig kannst

Es heißt, wenn ein Ziel nicht aufgeschrieben wurde, ist es bloß ein Wunsch, aber ein schriftliches Ziel gibt die zehnfache Kraft. Glaube an dich, deine Willenskraft und mach etwas ganz Besonderes aus deinem kunterbunten Leben. Ich bin jetzt schon voller Vorfreude auf die nächste Reise in die Welt deiner Regenbogenfarben.

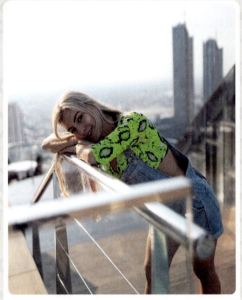

#grün

Seit jeher, ob in der Natur oder symbolisch, steht die Farbe Grün für das Wachstum, für die Hoffnung, Zuversicht, Harmonie und die Erneuerung. Grün symbolisiert das Leben – denn solange es wächst, ist unsere Umwelt in Balance. Grün ist neutral, weder warm noch kalt. Sie nimmt als »Farbe der Mitte« im Farbkreis daher eine besondere Rolle ein. Auch in der gesunden Ernährung wird Grün eine besondere Wichtigkeit beigemessen, wie zum Beispiel in grünen Smoothies. Hast du schon mal was von der »Frankfurter Grünen Soße« gehört? Das ist ein traditioneller Kräuter-Dip, er ist nicht nur super lecker, sondern auch leuchtend grün und wird in meiner Heimatstadt richtig gefeiert. Sogar mit einem eigenen Grüne-Soße-Feiertag! An diesem Tag leuchtet ganz Frankfurt grün. Überall gibt es unterschiedliche Angebote rund um das gesunde Gericht, das man mit Tafelspitz,

Kartoffeln und gekochten Eiern isst. Anlässlich dazu gab es sogar einen eigenen Song, den ich mit der Gruppe Maingold aufgenommen habe. Meine Lieblingsstelle dabei: »… und doch zieht's mich immer nach Frankfurt zurück – nach Mainhattan, die Heimat, den Ort meines Glücks.«

#fokus #prioritäten

Auch in ganz anderen Regionen der Erde finden verschiedene Kulturen und Religionen unter der Farbe der Hoffnung zusammen. Sie verbinden damit die Heilkraft der Natur und teilen gemeinsame Glaubenssätze und Ziele. Genau darum geht es auch in diesem grünen Kapitel: Um die Kraft, deinen inneren »Schweinehund« zu überwinden, der dir bei deinen Träumen im Wege steht und Energie raubt, die du viel besser und dringender für andere Dinge brauchst. Wenn du deine Aufgaben, Termine und dein Leben deinem inneren Schweinehund überlässt, wird's chaotisch. Was du stattdessen brauchst, ist ein klarer Fokus auf das, was wirklich in diesem Moment deine volle Energie verdient, weil es dich weiterbringt. Versuche die Dinge immer in der Reihenfolge ihrer Wichtigkeit abzuarbeiten. Auch wenn das bedeutet, dass du deine Komfortzone dafür verlassen musst. Das bedeutet für dich auch, öfter auch mal »Nein« sagen zu müssen, weil etwas anderes für dich zur Priorität, also Thema größter Wichtigkeit geworden ist. Kommt dir das bekannt vor? Stimmt, das hast du in den vorherigen Kapiteln schon hier und da gelesen. Du siehst also, die Dinge hängen alle irgendwie zusammen und tauchen, oft überraschend und plötzlich, irgendwo in deinem Leben auf. Einzeln betrachtet machen die Farben, Kapitel und Übungen Sinn – aber zusammengefügt zu deinem inneren Regenbogen sind sie viel mehr als das.

Im gelben Kapitel 4 hast du gelernt, wie du dir deine eigene innere Sonne aufbaust, die dir den Weg zu deinem persönlichen Regenbogen weist. Ich hoffe, unsere Reise hat dir bis jetzt gut gefallen. Das grüne Kapitel verlangt deine volle Aufmerksamkeit: Im grünen Dschungel kannst du schnell vom Weg abkommen. Es ist wichtig, sich von nichts und niemandem auf seinem Weg ablenken zu lassen. Du hast deine eigenen Farben – und auch diese bunte Reise – ganz allein in deiner Hand. Es wäre doch echt doof, jetzt vom Weg abzukommen und sich zu verlaufen. Aber dafür bin ich jederzeit bei dir auf unserer kleinen Expedition.

#schweinehund

Dieses Kapitel ist wirklich sehr wichtig. Denn egal bei was: Die perfekte Balance braucht eine stabile Mitte. Das Ziel dieser Etappe wird also sein, deinen Fokus auf dein Inneres zu lenken und deine Intuition zu schärfen für die Einteilung deiner Energie. Du wirst lernen zu erkennen, wer oder was gerade das Wichtigste ist – und was zu einem anderen Zeitpunkt erledigt werden kann. Dadurch gewinnst du an Ruhe, Kraft und erhöhst die Wahrscheinlichkeit, deine Ziele in der gesetzten Zeit erreichen zu können. Manchmal will der Schweinehund aber einfach nicht hören und liegt fett und faul auf deinem Weg. Er lenkt dich ab und sorgt dafür, dass du ebenfalls stehen bleibst, den Fokus auf dein Ziel verlierst und am Ende sogar aufgibst. Dann hat er gewonnen, und du bleibst doppelt enttäuscht auf der Strecke. Schließlich ist

und bleibt er leider immer dein inneres Wesen, und niemand anderes als du selbst kannst ihn zähmen.

Wie das funktioniert, habe ich in der vierten Klasse gelernt. Eine ganze Woche lang übte unsere Klassenlehrerin mit uns, wie man am besten diesen inneren Schweinehund besiegt. Wir haben das damals natürlich alles sehr spielerisch geübt, aber mich hat es bis heute geprägt. Wir sollten uns vorstellen, dass wirklich ein Hund in uns lebt, der ständig nur rumhängen möchte und immer genau das Gegenteil von dem tun möchte, was wir gerade machen sollten. Mit diesem einfachen Trick ist die halbe Miete schon gewonnen, denn was du dir gedanklich vorstellen kannst, ist auch formbar. Deshalb mach doch jetzt einfach mal die Augen zu, stell dir deinen Hund vor und gib ihm einen Namen. Wenn du ihn bildlich gefestigt hast, fange an, ihn zu erziehen wie ein Kind. Vielleicht hast du ein jüngeres Geschwisterchen oder schon mal als Babysitter ausgeholfen? Jedenfalls bin ich sicher, dass du dir vorstellen kannst, dass eine solche »Erziehung« nur mit häufigen Wiederholungen und absoluter Konsequenz funktioniert. Eben so lange, bis es klappt. Wie beim Schuhebinden oder beim Lernen, die Uhr zu lesen – ging auch nicht von jetzt auf gleich, stimmt's?

Wenn dein Hund dir also mal wieder sagt, dass du jetzt noch nicht deine Hausaufgaben oder eine andere wichtige Aufgabe zu machen brauchst, sondern doch erst mal auf Insta, Snap, Facebook, TikTok & Co. stöbern könntest, beweise ihm, und damit ja im Grunde dir selbst, dass niemand deine innere Mitte aus dem Takt bringt.

#motivation

Dazu passt ein schönes Sprichwort: Der Glaube versetzt Berge. Sich selbst zu disziplinieren und zu erziehen ist schwer. Aber wenn man gelernt hat, wie es geht, und darin Routine entwickelt, wird es kinderleicht. Mir hilft es immer, nicht zu lange über die Dinge nachzudenken, auf die ich vielleicht in dem Moment keine Lust habe. Wenn mir zum Beispiel die Motivation fehlt, mein Zimmer aufzuräumen, und ich alles in meinem Kopf durchgehe, was ich machen muss, fange ich nie an. Wenn ich aber aufhöre, darüber nachzudenken, und stattdessen einfach loslege, ist der Anfang schon gemacht – und es geht viel schneller. Motiviere dich selbst, denke an das Ziel, nicht an die Arbeit. Auch zum Sport motiviere ich mich mit Musik: erst in meinem Zimmer, dann freue ich mich auf mein Auto. Meine Lieblings-Kopfhörer dürfen im Fitness-Studio natürlich nicht fehlen, aber auch meine Fitness-Outfits motivieren mich. Ich liebe die Klamotten und ziehe sie unheimlich gerne an, denn sie sitzen super und ich fühle mich wohl darin. Mit diesem Rundum-

> **Der Glaube versetzt Berge**

Happy-Gesamtpaket sehe ich sogar die Anstrengung des Sports als Spaß an, denn ich kenne mein Ziel und habe Hoffnung, es erreichen zu können.

Den Tipp mit den Notizen im Handy-Kalender kennst du ja bereits. Aber weißt du, wer ihn noch nicht kennt? Dein Schweinehund. Also mach ihn damit vertraut und beweise ihm damit, dass er sich gar nicht erst bemühen muss, dich von Terminen abzulenken. Du machst dir dadurch außerdem selbst bewusst, dass du nicht mehr so leicht aus der Nummer rauskommst. So mache ich es beispielsweise beim Sport: Dank eingetragener, fester Termine verpasse ich keine Kurse mehr und habe meine Zeit so eingeplant, dass alles passt.

Das habe ich auch beim Schreiben dieses Buchs so gemacht: Ich habe mir Ziele gesetzt. Wann ich welches Kapitel fertig haben wollte und wie lange ich wann arbeiten muss. Mir schenkt das immer unglaubliche Motivation. Ich freue mich auf anstehende Aufgaben. Denn wenn ich sie geschafft habe, habe ich guten

> Du kennst deine Grenzen erst, wenn du über sie hinaus gewachsen bist.

Grund, zufrieden und stolz auf mich zu sein. Mag anfangs irgendwie befremdlich wirken, aber du wirst sehen, wie gut sich das anfühlt. Du musst es aber auch zulassen und darfst dich dabei nicht komisch fühlen, wenn du dich selbst lobst. Denn wenn du dein eigener, größter Kritiker bist, ist das auch gleichzeitig das größte Lob. Klar, man soll sich nicht mit anderen vergleichen, denn jeder ist anders und auch genau richtig so. Doch Vorbilder oder motivierende Mitstreiter sind auf deinem Weg sehr hilfreich.

Ein Beispiel: Pamela Reif, die als Model und Fitness-Vorbild zu den erfolgreichsten Influencern Deutschlands zählt, inspirierte mich sehr in Sachen Sport. Mit ihren Ratschlägen im Kopf gibt's dann im Studio noch etwas von Madison Beer auf die Ohren – und ich geh ab wie eine Rakete! Ich weiß immer direkt nach jedem Training, dass ich meinem Ziel einen Schritt näher bin. Beim Singen habe ich ebenfalls meine Ziele, übe fleißig neue Töne, und auch bei diesem Buch verfasse ich jeden Tag eine neue Seite. Wenn ich es dann bald fertig in der Hand halten und dir beim Lesen in diesem Augenblick ganz nah sein kann, ist es das schönste und lohnendste Gefühl, das es gibt.

Gib den wichtigen Dingen den nötigen Raum.

Mit einer guten Struktur und der Disziplin, sich an die eigenen Vorgaben zu halten, erlaubst du dir und deiner Kreativität, sich perfekt zu entfalten. So wirst du stetig an deinen Aufgaben wachsen wie das Gras, und deine grüne Farbe der Mitte erstrahlt Ruhe und Zuversicht in deine Fähigkeiten.

#dieinnereuhr

Ich habe in meiner Schulzeit oft Dinge auf den letzten Drücker erledigt und habe vieles aufgeschoben für andere, »unwichtigere« Sachen. Statt für meine Abschlussprüfungen zu lernen, lenkte ich mich nur allzu gerne damit ab, zu singen, Videos zu produzieren oder einfach welche anzuschauen. Dass ich mir selbst damit wahnsinnig unnötigen Druck und Stress bereitet habe, war mir damals nicht bewusst. Ich weiß aber noch ganz genau, als ich vor meinem Realschulabschluss stand – und erst einen Abend vorher schnell noch die PowerPoint-Präsentation erstellen musste: Bis in den Morgen saß ich da, bis alles vorbereitet war. Trotz größtem Stress bestand ich mit einer 1 und hatte eine der besten Jahrgangspräsentationen. Stress und Zeitdruck sind in meinem heutigen Job als Influencer tatsächlich Standard. Und doch muss ich gestehen, dass ich damit manchmal am kreativsten »funktioniere«.

Warum ist das so? Ich vermute, weil ich in so stressigen Phasen einfach nicht mehr die Zeit habe, alles immer bis ins Detail durchzudenken, und teilweise mit gelernter Routine auf Druck reagiere, um meinen Zeitplan einzuhalten. Das ist jedoch nur die eine Seite der Medaille – denn ich überhöre dann bewusst meine innere Uhr, die womöglich Ruhe oder einen neuen Fokus fordert. Langfristig gesehen ist es also wirklich nicht ratsam, dich in einem solchen Rahmen zu bewegen. Denn es führt zu noch mehr Stress, zu Angst, darunter zu zerbrechen, zu großer Erschöpfung und dadurch nur zu mäßiger Leistung. Teile dir also deine Kräfte ein, gib den wichtigen Dingen den notwendigen

Lebensraum und höre in dich hinein. So sorgst du dafür, dass all deine Regenbogenfarben im Einklang mit deinen Wünschen und in ihrem ganzen Potenzial strahlen – und besonders dein Grün als starke Mitte wie ein gesunder Boden für zarte, kleine Ideen-Pflänzchen dienen kann.

#abgrenzung

Neben den Persönlichkeiten, die sich ihrem Schweinehund beugen und jede Ablenkung willkommen heißen, gibt es noch diejenigen, die nichts verpassen wollen und zu allem Ja sagen, obwohl es eigentlich gar nicht in ihren Zeitplan passt. In dieser Zwickmühle finde ich mich auch manchmal wieder, wie zum

Beispiel gerade jetzt in der Zeit, in der ich dieses Buch schreibe. Ich kann gerade nicht mehr so viel live streamen und mich um meine Community kümmern und habe inzwischen auch ein paar Events absagen müssen, da es sich manchmal einfach nicht mit der nötigen Zeit für das Buch vereinbaren lässt. Jetzt sind Fokus und Disziplin gefragt, die mich in solchen Momenten wieder auf die richtige Bahn schubsen und darin bestärken, das Richtige zu tun.

Als Ja-Sager willst du grundsätzlich niemanden enttäuschen, machst es möglichst immer allen anderen recht – nur nie dir selbst. Wenn du dich jedoch immer auf andere fixierst und dich mehr um deren Wohl kümmerst als um dein eigenes, dann wirst du es vermutlich nicht weit schaffen. Egal, wie edel und gut deine Vorsätze auch wirken, sie zahlen sich für dich nicht positiv aus, während dein Umfeld nonstop von dir profitiert. Du versorgst deine grüne Mitte nicht mehr mit dem, was sie braucht. Und was passiert mit einer Pflanze, die weder Wasser noch Licht bekommt? Sie verkümmert und geht ein. Und das Schlimmste daran: Die falschen Freunde um dich herum, die bis jetzt von deinem Engagement gezehrt haben, erkennen das oft lange vor dir selbst und lassen dich fallen. Denn du bist keine brauchbare Energiequelle mehr, die man anzapfen kann. Ich habe selbst schmerzlich erfahren müssen, wie schnell sich dann wahre und falsche Freunde outen.

#respekt #yourself

Wenn du hoffentlich das große Glück hast, so tolle Eltern zu haben wie ich, kannst du dich in dieser Hinsicht blind auf sie verlassen. Denn sie lieben bedingungslos und wollen nur das Beste für dich.

....

Wer nicht im Regen mit mir tanzt, den brauche ich auch nicht bei Sonnenschein.

....

Selbst in der Zeit, in der ich wirklich rebellisch war, nein gesagt und einfach mal mein Ding durchgezogen habe, standen sie mir bei. Obwohl mein Verhalten damals für beide Seiten oft zum Nachteil und manchmal sogar unfair und verletzend war, musste ich diese Erfahrung einfach machen. Heute würde ich liebend gerne die Uhr zurückdrehen und Dinge anders lösen, doch irgendwie musste ich da nun mal durch. Ich war in meinem damaligen Leben immer eine absolute Ja-Sagerin gewesen und hatte mir viel zu viel aufgeladen – bis der Moment kam, in dem ich einfach nur noch ausbrechen wollte. Ich kann meiner Familie heute nicht genug für ihre Geduld und das Vertrauen in mich danken, dass ich meine Mitte alleine finden würde.

Und genau so vertraue ich in dich. Selbst wenn deine Eltern oder engsten Freunde nur das Beste für dich wollen, ist es auch mal gut, Nein zu sagen. Sage Nein zu Dingen, die du nicht machen möchtest, und vertrete mit ganzer Kraft auch eine unterschiedliche Vorstellung von deinem Leben oder deiner Zukunft. Es ist nämlich nur dein Leben, und das solltest du leben, wie es dir gefällt. Deine Eltern werden dir sicher immer einen guten Rat geben. Aber zeige ihnen mit Respekt, dass du erwachsen wirst und selbst die Verantwortung übernimmst. Auch wenn ich mir häufig den unbequemen Spruch anhören musste, »Mama oder Papa hat doch gesagt«, habe ich irgendwann aus meinen Fehlern gelernt – und sie haben mich gestärkt.

Sei also kein Weichei und lass dir von niemandem etwas einreden, das du eigentlich gar nicht so siehst. Wenn du dich mal ganz ehrlich selbst betrachtest und dich fragst, ob du auf Dauer mit Ja-Sagen wirklich zufrieden bist, erkennst du die Wahrheit recht schnell. Es gaukelt dir vor, alles richtig zu machen, und die Energievampire flattern um dein Licht und zapfen dich an, bis du leer bist. Sobald du deinen wirklichen Wert erkennst und lernst, gesund mit deinem Energiehaushalt umzugehen, bist du für niemanden mehr der Fußabtreter, der respektlos ausgenutzt und als naiv oder schwach angesehen wird. Sondern wandelst deine Schwäche zur unschlagbaren Stärke.

Wenn ich von Events oder Aufträgen nach Hause komme, die manchmal echt fordernd sein können, brauche ich viel Ruhe, um den Stresspegel herunterzufahren. Wenn mein Körper es braucht, schlafe ich auch mal einen ganzen Tag. Seitdem ich

»Sometimes
we need to get lost
to explore
unknown ways.«

so viel unterwegs bin, höre ich genauer auf meine Bedürfnisse. Manchmal vielleicht schon ein wenig zu genau – und befrage auch gerne Dr. Google zu jedem kleinsten Wehwehchen. (Hier steht natürlich jede Menge Quatsch und man macht sich vielleicht unnötige Gedanken, die mir ein Arztbesuch erspart hätte. Also wenn dir wirklich etwas wehtut oder du Bedenken hast, geh lieber gleich zum Arzt.) Aber grundsätzlich ist es besser, zu viel auf die Signale seines Körpers zu hören und auch mal ausgiebig auszuschlafen und auszuruhen, als mit der letzten Kraft unbedingt noch was zu unternehmen. Sich hin und wieder von Stressfaktoren und der Umwelt abzukapseln, ist gut und auch notwendig. Aber was auf keinen Fall geht, ist, dich total hängen zu lassen. Nonstop YouTube, Zocken, Video, Netflix und Junk-Food zu konsumieren, macht für eine absehbare Phase sicherlich Spaß, ist aber definitiv niemals eine Dauerlösung. Dadurch verlierst du die Kontrolle über dein Leben, weil du keine Verantwortung mehr übernimmst. Irgendwann vergisst du vielleicht sogar deine Träume und verlierst deine Motivation komplett aus den Augen. Dadurch enttäuschst du dich selbst und fällst am Ende sogar in ein tiefes dunkles Loch.

....

Ausruhen ist wichtig – aufstehen, weitermachen und für Ziele zu kämpfen aber auch.

....

Deshalb gilt: Ausruhen ist wichtig – aber aufstehen, weitermachen und für deine Träume und Ziele zu kämpfen noch viel mehr.

#qualitytime
#colourcoding

Zwei praktische Tipps: Es ist total okay, sich in allen Phasen mal eine Zeit lang aufzuhalten – ob du mal in einer Netflix-Phase bist oder in eine Insta- und Social-Media-Phase abtauchst. Aber es darf eben immer nur eine Phase bleiben! Und was dein persönliches Zeitmanagement angeht: Ich bin ein sehr spontaner Mensch, doch in meiner Welt ist es wichtig, genau zu planen und Termine einzuhalten. Damit das auch klappt, verwende ich einen Colour Code für meinen Kalender. Alle Termine, die wirklich super wichtig sind, markiere ich in Lila – während Sachen, die noch nicht so dringlich sind, grün gekennzeichnet sind. Das bedeutet für mich, dass sie zwar gemacht werden müssen, aber ich noch etwas Zeit dafür habe.

Wenn sich also mal eine spontane Aktion ankündigt, kann ich direkt schauen, ob der nächste Termin lila oder grün markiert ist. So sehe ich auf einen Blick, ob es passt oder ich eventuell umplanen muss.

Du wirst sehen: So ein Terminkalender wird dir unglaublich helfen. Er stützt mich, damit ich mir nicht alles merken muss und ich mir auch nicht zu viel an einem Tag einplane. Aber das Beste daran: Ich habe immer einen Überblick über meine Freizeit und meine Arbeitszeit. Ich gehe seitdem auch sehr sorgsam mit meiner »Quality Time« um, denn mithilfe des Kalenders werden mir stressige Phasen wortwörtlich vor Augen gehalten, und ich nehme bewusster wahr, wenn es Zeit für eine Pause wird. Ich hatte früher oft Wochen, in denen ich nicht wusste, wie ich das alles schaffen sollte. Doch durch ein konsequentes Zeitmanagement und das Farbsystem meines Kalenders sah es plötzlich gar nicht mehr so viel aus. Außerdem veränderte sich dadurch auch die Wertschätzung meiner freien Zeit, in der ich mich heute mit gutem Gefühl entspannen oder spontane Aktivitäten unternehmen kann.

#masterplan #tuesgleich

Also. Du brauchst einen Plan, ein Ziel und musst dir Prioritäten setzen. Ich kann dir natürlich nicht versprechen, dass dadurch alles perfekt und einfach wird. Aber du hast dadurch dein Leben unter Kontrolle, weißt, was dich erwartet, kannst dir Pausen gönnen und auch mit spontanen Dingen besser umgehen. Denn du erledigst die Sachen der Wichtigkeit und Dringlichkeit nach. Als Schülerin, wenn ich nachmittags nach Hause kam, habe ich immer als Erstes die Hausaufgaben gemacht. Manchmal wollte ich nicht mal was essen. Weil ich auf der Stelle dieses Gefühl loswerden wollte, etwas erledigen zu müssen. Ich habe also, ohne groß darüber nachzudenken, einfach direkt nach der Schule mit den Hausaufgaben angefangen. Oft sogar schon in den Pausen. Oder, wenn sich irgendwie die Gelegenheit ergeben hat, sogar im Unterricht.

Ich finde dieses Gefühl heute noch doof, Dringendes vor mir herzuschieben. Macht doch auch, wenn du mal ganz ehrlich zu dir selbst bist, nichts besser. Weder wird die zu erledigende Aufgabe kleiner, noch kannst du die kurzzeitig erschummelte »freie« Zeit wirklich genießen, oder? Keine Sorge. Es ist auch beim Zeitmanagement noch kein Meister vom Himmel gefallen. Aber möglicherweise ins Bett: Nach einem anstrengenden und hoffentlich auch erfolgreichen Tag wirkt ein Power Nap bei mir echte Wunder. Wie auch immer du deinen Plan aufstellst, setz dich damit nicht unter Druck, sondern finde für dich ein gesundes Maß an Aufgaben und Zielen, die du auch realistisch schaffen kannst. Aber was heißt das denn genau?

#thepowerofwords #perceptionisreality

Philosophen im alten Griechenland, berühmte Wissenschaftler wie Albert Einstein oder Stephen Hawking bis hin zu neuzeitlichen Persönlichkeiten wie etwa die Poetry-Slammerin und Sängerin Julia Engelmann – seit jeher beschäftigen sich Menschen auf unterschiedliche Weise mit dem Thema Realität. Was bedeutet sie, welche Auswirkungen hat sie – und ist Realität überhaupt irgendwie messbar? Hier streiten sich die Geister, und eine überzeugende, wissenschaftliche Antwort gibt es darauf bis heute nicht. Fakt ist aber: Jeder einzelne Mensch hat seine ganz eigene Wahrnehmung, seine eigene Realität und Wahrheit im Kopf. Stell dir zum Beispiel mal eine Gruppe von zehn kleinen Kindern vor, die alle die gleiche Aufgabe bekommen, ein Bild zu malen. Sagen wir: einen Frosch. Mit hundertprozentiger Sicherheit wirst du am Ende zehn völlig verschiedene Ergebnisse haben. Weil jedes Kind den Frosch auf eine eigene Weise wahrnimmt

und mit Fantasie zu einer ganz eigenen Realität vermischt. Und das ist überall und bei jedem gleich. Was du dir vorstellst, existiert. (Na ja, zum Glück gehen nicht alle Gedanken sofort in Erfüllung, das wäre auch komisch … stell dir vor, du denkst an einen Affen und plötzlich sitzt der in deinem Zimmer. ☺ Das wäre gruselig, aber lustig zugleich.)

Bezogen auf deine Wünsche und Ziele bekommt das Ganze jetzt eine wirklich wichtige Bedeutung: Du selbst bestimmst nämlich mit deinen Gedanken, was du erreichen kannst, wer du sein willst und wie sehr du dich von deiner Umwelt leiten lässt. Es ist bewiesen, dass negative Gedanken wie Angst oder Frust leider sehr viel stärker, schneller und langfristiger auf uns wirken als die positiven. Deshalb ist es umso wichtiger, dass du dich und deine grüne Mitte festigst. Glaube an dich. Lass dir von niemandem einreden, dass du dies oder jenes nicht kannst. Zu dick, zu klein, zu dumm oder sonst wie nicht »richtig« bist. Wenn dir das jemand nur oft genug sagt und du es zulässt, fängst du an, es auch zu glauben. Es wird zur Realität.

#hit#or#shit #movietime

Hast du den Film Spiderman gesehen? Als Peter Parker seine Spinnenkräfte entdeckt und ihn das erst mal völlig verwirrt, gibt ihm sein Onkel Ben einen wertvollen Rat: »With great power comes great responsibility.«

Deine Vorstellungskraft ist so eine Superpower. Wenn du lernst, sie dir selbst und anderen gegenüber richtig einzusetzen, kannst du alles erreichen, das du dir wünschst. Und Träume können wahr werden, so viel kann ich dir versprechen. Ich lebe meine jeden Tag.

Deine Kraft, deine Magie sind deine Gedanken. Wenn du das verstehst, kannst du dein ganzes Leben verändern. Der Schlüssel dazu ist die Hoffnung in dich selbst. Jetzt denkst du dir bestimmt, wie soll ich jeden einzelnen Gedanken kontrollieren – das funktioniert doch gar nicht. Nein, aber du kannst deine Gefühle kontrollieren, über sie nachdenken und dann eine Entscheidung treffen. Unsere Gefühle sind ein Feedback-Mechanismus, der wie auf Knopfdruck funktioniert: Du hast die Kontrolle darüber, ob du den »Hit«- oder »Shit«-Button drückst.

Jeder fängt mal klein an.

In Momenten, in denen es dir mal schlecht geht, höre schöne Musik, singe mit, denke an etwas Schönes. Wenn es regnet und mich das Grau runterzieht, stelle ich mir vor, wie die Sonne scheint und ich hoffentlich bald wieder in den Urlaub fliegen werde. Du liebst Hundewelpen? Dann denk dir einen aus – oder schwärmst du für einen Traumboy oder ein Traumgirl, dann stelle dir vor, wie er oder sie dir ein süßes Lächeln zuwirft. Deine Gedanken sind dein Königreich, und hier ist ausnahmslos alles erlaubt. Egal, was es ist, denke an etwas, das dich aufmuntert! Lass deiner Fantasie freien Lauf, träume in regenbogenbunten Farben und verwirkliche so deine Realität.

Trust the power of words and new beginnings!

In der Schule sagten die Lehrer immer zu meinen Eltern, ich würde in einer ganz eigenen Welt leben. Als ich das damals hörte, war ich sehr traurig darüber, weil ich es als Kritik empfunden habe. Heute bin nicht nur ich, sondern auch meine Eltern stolz darauf, dass ich trotz aller Kritik diese Fähigkeit nie verloren und sie stattdessen zu einer meiner größten Stärken gemacht habe. Denn ich lebe in genau der Welt, die ich mir durch meine Gedanken selbst erschaffen habe.

Um noch mal kurz auf Filme und deren Botschaften einzugehen – ich war neulich in der Neuverfilmung von Aladdin, die wirklich zu empfehlen ist, denn die Moral der Geschichte ist super schön! In meinen Worten ausgedrückt, sagt sie in etwa Folgendes aus: Die Gier nach zu viel Ruhm, Fame und Geld lässt sich nicht stillen. Du kannst dir selbstverständlich wünschen, erfolgreicher zu sein. Aber werde nicht übermütig. Ich erzähle dir diese Geschichte, weil genau das der Schlüssel zu deinem inneren Erfolgsuniversum ist.

Manche Menschen, und dazu zähle auch ich, glauben an das Karma – die Macht des Universums. Andere nennen es vielleicht Gott, Buddha oder Schicksal. Es ist völlig egal, wie es heißt. Wichtig ist das Wort davor, »glauben«. Selbst wenn du dich mit keiner von diesen übergeordneten Mächten identifizieren kannst, aber einen starken Glauben an dich selbst hast, ist eben das dein Draht zum Glück, über den du Kontakt zu deiner inneren Mitte aufnehmen kannst.

Kein Witz, du kannst mit deiner Zukunft kommunizieren! Erwarte nur bitte keine direkte Antwort und werde nicht ungeduldig – so als würde dein Freund auf WhatsApp nicht sofort reagieren.

#challenge #thinkpositive

Lust auf eine kleine Übung? Dafür brauchst du auch kein Handy, sondern einfach nur Stift, Papier und ein wenig Konzentration. Der erste Schritt ist deine Bitte, dein Wunsch, den du in der Gegenwartsform aufschreibst. Ich gebe dir ein Beispiel. Mein Satz wäre: »Ich bin froh und dankbar, dass du gerade mein Buch in der Hand hältst und merkst, wie sehr es dir in deinem Leben und für deine Zukunft hilft.«

Dann folgt der zweite Schritt, bei dem ich den Wunsch, den ich gerade aufgeschrieben habe, in meinen Gedanken wie einen Film visualisiere – als wäre es bereits geschehen. Ich stelle mir also im Detail vor, wie du das fertige Buch gerade liest. Obwohl ich es ja in diesem Moment noch schreibe, glaube ich fest daran, dass du bald darin blättern wirst.

Keep calm – and let karma finish it.

Jetzt bist du an der Reihe. Ich bitte dich also, dich jetzt auf deinen großen Wunsch zu konzentrieren und alle anderen Gedanken beiseitezuschieben. Erlebe den Wunsch in allen Einzelheiten und fühle nichts anderes als die positive Energie, die sich dabei in deinem Kopf ausbreitet.

Na, bist du fertig? Sehr gut. Du hast damit deinen Wunsch wie ein kleines Samenkorn in deine grüne Mitte eingepflanzt. Und ihm dadurch die Möglichkeit gegeben, real zu werden. Hoffnung, Disziplin und Geduld sind für dich fortan das, was Wasser und Sonnenlicht für jede Pflanze ist: Du brauchst sie zum Wachsen. Dein eigenes zartes Pflänzchen musst du beschützen, damit es niemand zertritt, ob absichtlich oder aus Versehen.

Eins noch. Nicht, dass ich besonders auf Krabbeltiere oder Jungs in roten Ganzkörperanzügen stehen würde, doch ich möchte noch mal kurz auf den Spiderman-Satz zurückkommen, dass große Macht auch große Verantwortung bedeutet. Nicht nur du kannst von anderen manipuliert, verletzt oder gekränkt werden. Umgekehrt funktioniert es genauso. Umso selbstbewusster du wirst, je mehr du den positiven Effekt des Nein-Sagens zu schätzen lernst und deine Energie nach innen richtest, desto größer ist die Gefahr, dabei andere zu verletzen.

Verletzen kann dich nur, wem du die Waffe dazu gibst.

Verirre dich also bitte nicht im grünen Dschungel mit dem Risiko, dass aus der bunten Regenbogen-Expedition ein monotoner Egotrip wird.

Mit dieser Übung sind wir nun auch am Ende des grünen Kapitels angelangt. Ich kann gut verstehen, wenn dich in diesem Moment viele Dinge beschäftigen, schließlich haben wir deinen Kopf gerade ordentlich durchgeschüttelt! Ich verspreche dir, die Gedanken werden sich wie aufgewirbelter Sternenstaub langsam setzen. Bald hast du wieder klare Sicht auf deinen Regenbogen, den du mit einem kraftvollen Grün verschönert hast. Nur noch zwei weitere Etappen, dann ist dein innerer Regenbogen vollständig. Im nächsten Kapitel geht es um die Farbe Türkis und wie du einen kühlen Kopf bewahrst. Ich bin so was von stolz auf dich – und du selbst hoffentlich noch viel mehr.

Chany Dakota ✔ @chanydakota · 2h

Ein wahrer Freund lacht mit dir und spürt, dass deine Seele weint.

#türkis

So langsam nähern wir uns dem Ende des Farbspektrums deines Regenbogens. Wir haben uns von den hitzigen, emotionalen Bauch-Themen wie Liebe, Wut und Enttäuschung zu den rationalen Kopf-Themen vorgearbeitet. Die Farbe Türkis erfüllt dabei als vorletzte kalte Farbe absolut ihre Rolle als Repräsentantin des »kühlen Kopfes«. Sie steht für Heilung, für Schutz und Schönheit. Gleichzeitig symbolisiert sie aber auch Distanziertheit, Eigenwilligkeit und Selbstbezogenheit – was du bitte nicht mit Egoismus verwechseln darfst. Sondern hier geht es darum, wie die Farbe dir helfen kann, dich auf gesunde Art von anderen Menschen oder Situationen abzugrenzen. In diesem Kapitel erzähle ich dir, wie du dein Regenbogen-Konto sinnvoll füllen kannst, indem du deine Beziehung pflegst und dich nicht manipulieren lässt. Ich zeige dir außerdem Wege, wie du deine

Eltern davon überzeugst, dir etwas zu erlauben, wie du vielleicht schneller deinen Willen durchsetzt und wie du es schaffst, besser verstanden zu werden.

#loveyourself #journey

Ich habe dir bereits erzählt, wie du mithilfe von klaren Zielen, Disziplin und Selbstreflexion besser mit dir selbst zurechtkommst. Das klappt doch alles bestimmt schon um einiges einfacher, oder? Um die folgenden Kapitel umzusetzen, ist es nun besonders wichtig, mit sich selbst im Reinen zu sein und sein Leben auch auf der Beziehungsebene im Griff zu haben. All deine Beziehungen sind auf deinen eigenen Werten und Vorstellungen einer gesunden Beziehung aufgebaut – und das fängt immer bei dir selbst an. Gute Beziehung zu anderen kannst du nur aufbauen, indem du Grundregeln befolgst und dich selbst gut kennst.

Ich weiß noch ganz genau, als ich jemanden in meinem engen Kreis als Freund verloren habe, weil ich nicht mehr wusste, wie ich mit demjenigen umgehen sollte. Diese Person war leider nicht mit sich selbst im Reinen und hat das meistens an mir ausgelassen, wogegen ich mich zunächst überhaupt nicht wehren konnte. Das Schlimme war aber, dass ich mich von seinen Worten habe blenden lassen, obwohl ich doch besser hätte wissen müssen, dass es die Taten sind, die zählen – Actions prove. Sein Verhalten hat immer das Gegenteil von dem ausgedrückt, was er mit seinen Worten sagte. Wenn du selbst auch immer wieder auf Missverständnisse im Freundes- oder Familienkreis triffst, ständig das Gefühl hast, nicht richtig verstanden zu werden, egal wie laut du sprichst, dann wirst du selbst wohl leider das Problem dafür sein – und es gibt auch nur eine Lösung für dieses

Problem. Du wirst lernen müssen, wie du auf deine Umwelt reagierst, mit anderen umgehst und wie du dich besser verständlich machst, ganz ohne Frust und lautstarken Ärger. Um deinen Regenbogen in seinen schönsten Farben scheinen zu sehen, ist es wichtig, eine gute Beziehung zu den liebsten und wichtigsten Menschen um dich herum zu pflegen.

#nojoke #friendshipgoals

Leichter gesagt, als getan: Eine gute Freundschaft oder Beziehung zu jemanden aufrechtzuhalten, ist sehr schwer. Denn wie schnell hat man unbedacht etwas Dummes gesagt oder getan, was dem anderen wehgetan hat und eurer Beziehung – eurem gemeinsamen Regenbogen – einen unschönen schwarzen Fleck verleihen kann. Den wieder auszuwaschen, kann richtig lange dauern und im schlimmsten Falle sogar für immer einen grauen Schatten hinterlassen, der sich wie ein Schleier auf die anderen Farben legt und sie verblassen lässt. Gefühle wie Zweifel oder Schuld oder das Gefühl, nachtragend zu sein, überdecken dann deine einst leuchtende Farbenkraft. Du wirst einiges an guten Karmapunkten aufholen müssen, um das wieder zu bereinigen. Geht, ist aber unnötig und deshalb tunlichst zu vermeiden. No bullsh*t.

Deshalb ist es wichtig, auch in den kleinen Momenten den Regenbogen zu füllen: Nimm deine Mama doch heute mal in den Arm und bedank dich dafür, was sie alles für dich macht. Oder sage deinen Geschwistern, dass du froh bist, sie zu haben – lächle sie an, frage nach, ob sie Hilfe brauchen, oder gebe ihnen einfach mal ein nettes Kompliment. Klopfe dir selbst auch mal auf die Schulter und sage dir,

dass du stolz auf dich bist. Sieh nicht immer alles so kritisch an dir, sondern bedank dich für deine guten Eigenschaften. Es gibt auch ein paar Punkte, die absolut wichtig sind, um in deinen Beziehungen keine Gewitterwolken über deinem Regenbogen aufziehen zu lassen. Ehrlichkeit und Vertrauen sind im Zwischenmenschlichen absolute Grundprinzipien. Auch wenn die Wahrheit manchmal wehtut, ist sie das Wichtigste in Beziehungen, denn damit beweist du deine Loyalität, ohne die es kein Vertrauen gibt. Lerne, dich für deine Grenzübertritte bei anderen sofort oder schnellstmöglich zu entschuldigen. Ich bin zum Beispiel so ein Mensch, ich schätze eine Entschuldigung. Denn ich möchte in jeder Ebene vermeiden, dass belastende Grautöne auf unserem Beziehungsregenbogen liegen.

#staytrue #watchwhatyouaskfor

Versprechen sind die Königsdisziplin in Freundschaften und der Familie. Denn sie sind mehr als nur Worte, sie setzen Maßstäbe und schüren eine Erwartungshaltung. Das Ergebnis von nicht eingehaltenen Versprechen kennst du sicher genauso gut wie ich: Enttäuschung. Macht sich der andere, den du mit einem solchen falschen Versprechen enttäuscht hast, Luft, sorgt es bei dir für ein schlechtes Gewissen – für ein Schuldgefühl. Und das ist so ziemlich das Schlimmste, was wir mit uns auf unserer Seele herumschleppen können. Du kannst es nämlich nicht rückgängig machen. Also sei sehr vorsichtig und sparsam mit deinen Versprechen, denn sie können nicht nur für den anderen, sondern genauso schlimm für dich ausgehen. Vielleicht sogar ein Leben lang.

Gerade in meinem Beruf schätze ich Menschen ganz besonders, die mir Versprechungen machen und sie einhalten. Es gab eine Zeit, da konnte ich einfach an kein einziges Versprechen mehr glauben, weil mein Regenbogen von so vielen Menschen ins Schwarze gezogen wurde, dass ich einfach nichts Positives mehr an deren gut gemeinten Worten erkannte. Ich habe meine Lehren daraus gezogen und mühevoll gelernt, Fakes und Friends zu unterscheiden. Gleiches galt für deren Geschwätz. Umso mehr schätze ich heute jeden Tag die Menschen, die ihr Versprechen halten. Egal, ob es die Treue in der Beziehung oder die Loyalität im Job ist, ob es sich um ein gemeinsam geplantes Projekt oder eine Idee handelt, die man zusammen umsetzen wollte, oder ob es einfach die Familie ist, die dir verspricht, immer für dich da zu sein. Ich bin so dankbar für alle, die mich unterstützen, die mich um meinetwillen liebhaben und mir Kraft geben. Das ist

Don't talk, act.
Don't say, show.
Don't promise, prove.

mir alles super wichtig – wohl nicht zuletzt, weil ich so aufgewachsen und erzogen worden bin.

Letztens haben mich erst wieder Bekannte versetzt, mit denen ich verabredet war, als plötzlich die Info kam, sie hätten keine Zeit. Ich hatte aber dann in deren Insta-Story gesehen, wie sie zusammen unterwegs waren, obwohl wir alle zusammen verabredet waren. Natürlich habe ich sie auf die Story angesprochen und sie meinten, sie wollten nur spontan kurz draußen chillen, nix Besonderes. In Wahrheit aber haben sie zusammen fünf Stunden gesnappt und waren bis nachts unterwegs. Ein paar Tage später haben sie sich wieder gemeldet, als wäre nie was gewesen. Das hat mich ehrlich gesagt echt gekränkt. Ich verstehe solche Menschen beziehungsweise ein solches Verhalten nicht. Man könnte sagen, ich nehme mir so was vielleicht zu sehr zu Herzen, aber ich könnte so etwas nicht übers Herz bringen. Mein schlechtes Gewissen plagt mich dann immer sehr lange, weswegen ich solche Aktionen nicht nachvollziehen kann.

#realfriends #dontplaygameswithme #verbindlichkeit

Ich habe aber das Glück, einen echten, wahren Freund zu haben. Ich wollte ihn mit nach New York nehmen, wir hätten die aufregendsten Dinge erlebt, wären Business Class geflogen und wie VIPs behandelt worden, aber er hatte bereits einer guten Freundin zu deren Geburtstag zugesagt. Das hat mich natürlich erst ein wenig traurig gemacht, weil ich ihn nicht dabeihaben konnte. Aber es hat mir bewiesen, dass er loyal ist und auch mich niemals sitzen lassen würde, wenn er mir zugesagt hat. Das schätze ich so an ihm, und es macht unsere Regenbogen-Beziehung sehr bunt.

Es ist doof, wenn du bei jemandem falsche Erwartungen weckst und nur an dich selbst denkst. Außerdem ist es wichtig, deinem Gegenüber zuzuhören, ihn oder sie nicht zu verletzen, wenn es sich vermeiden lässt. Wie gesagt, wenn es eine notwendige Wahrheit ist, die leider kurz schmerzt, dann ist das leider so. Eine echte Freundschaft oder Beziehung, die auf Werten basiert, kann nicht nur darauf aufbauen, sich gegenseitig glücklicher zu machen oder voneinander zu profitieren.

#gänseblümchen #kleinesglück

Ganz kleine Dinge im Alltag können wirklich unseren Tag retten. Ich bekomme viele Kommentare und Nachrichten, aber es gibt nichts Schöneres als ein echtes und ehrliches »Reallife«-Kompliment. Besonders wenn dein Tag vielleicht nicht so gut gestartet ist oder du dich heute einfach überhaupt nicht toll fühlst, schätze die kleinen Dinge im Leben, lächle den Menschen zu, dann bekommst du ein Lächeln zurück. Für mich ist es etwas Wunderschönes, das Beziehungs-Regenbogen-Konto zu füllen, denn es macht mir Spaß, andere glücklich zu machen, und ich glaube fest an das Karma und habe auch schon viel Positives zurückbekommen. Gute Gedanken und Gesten sind erst dann etwas wert, wenn man sie ausspricht und umsetzt. Deshalb nimm bei der nächsten Gelegenheit deinen Mut zusammen und probiere es gleich aus. Stell dir doch einfach mal vor, eine gute Freundin schenkt dir einfach so ein Gänseblümchen und sagt dir, dass sie dich wahnsinnig lieb hat. Eine andere Freundin schenkt dir aber einen ganzen Strauß der tollsten Rosen, während sie dich aber gleichzeitig um einen riesigen Gefallen bittet. Entscheide du – bist du Team Gänseblümchen oder Rose? Dein Türkis wird es dir danken und jedes Lächeln oder nette Wort, das du sprichst, in doppelter Menge zu dir zurückkehren.

Jetzt kommen wir zu dem Thema, richtig zuzuhören. Viele Menschen können nicht gut zuhören, denn sie klammern sich meistens so sehr an ihrer eigenen Meinung fest, dass sie uns nicht mal ausreden lassen und schon bei der Hälfte des Satzes ungefragt ein Urteil abgeben. Deshalb ist es wichtig, den anderen erst zu verstehen, um dann selbst verstanden zu werden.

Der Schlüssel zu allem ist wie immer die richtige Kommunikation. Mit den richtigen Signalen und Regeln zeigst du jemandem, dass du ihn respektierst und er dir wichtig ist. Jeder Mensch möchte für das verstanden werden, was er ist. Schließlich gibt es uns alle nur einmal auf der Welt, und auch du mit deinen Ansichten und Fähigkeiten bist einzigartig.

Wenn ich etwas erzähle, das mir am Herzen liegt, und meine Eltern mich deshalb kritisieren, reagiere ich oft geknickt. Ich möchte in dem Moment doch nur verstanden werden – und

»Reden ist uns ein Bedürfnis, Zuhören ist eine Kunst.«

JOHANN WOLFGANG
VON GOETHE

genau das ist der Punkt: Viele Menschen können sich nicht so einfach in andere Personen hineinversetzen. Gerade Eltern neigen dazu, aus ihren eigenen Erfahrungen zu schlussfolgern und (wenn auch gut gemeint) zu schnell zu urteilen, weil sie uns eine schlechte Erfahrung ersparen möchten oder anderer Meinung sind. Ich muss mich dann plötzlich rechtfertigen oder verteidigen, obwohl ich eigentlich nur verstanden werden möchte. Vielleicht geht es dir auch manchmal so? Deshalb ist es wichtig, deinen Eltern dieses Gefühl der Hilflosigkeit und Enttäuschung in dem Moment klarzumachen. Ich sage das meinen Eltern, meinen Geschwistern und Freunden immer direkt, wenn ich gerade das Gefühl habe, nicht verstanden oder wertgeschätzt zu werden, und bitte sie darum, nicht zu urteilen, sondern einfach bis zum Ende zuzuhören. Wenn solche Gefühle nämlich auf Dauer aufkommen, verlieren wir das Vertrauen in die Person und in deren Ratschläge, weil man ja weiß, dass sie doch nicht wirklich zuhören. Ein offenes Wort hilft hier auf jeden Fall und sorgt auf beiden Seiten für größeres Verständnis.

#empathie #mitdemherzenhören

Viele wissen aber auch gar nicht, was »richtig zuhören« wirklich heißt. Sie verstehen womöglich darunter, auf deine Worte direkt einzugehen und das Thema vielleicht sogar noch auf sich selbst zu beziehen. Leider voll daneben! Die ganze Wahrheit verbirgt sich nämlich meist irgendwo zwischen den Zeilen, und es lohnt sich hinzuhören, selbst wenn man vielleicht einer ganz anderen Meinung ist. Man muss demjenigen, der etwas zu sagen hat, erst mal bis zum Ende zuhören, bevor man anfängt zu urteilen. Wenn es demjenigen schlecht geht, bringt es auch wirklich nichts Positives, auf das »größere« Leid anderer Leute zu verweisen, denen es ja viiiieeeel schlechter geht. Unschön und verletzend wirkt es auch auf den Erzähler, wenn du auf die Dinge antwortest, die dich auch persönlich interessieren. Ich gehe immer als Erstes mit meinen Problemen zu meinen Eltern, und die hören mir nicht nur gut zu, sondern versuchen auch immer, eine konstruktive Lösung für das Problem zu finden.

Wer dein Schweigen nicht versteht, versteht auch deine Worte nicht.

Ich bin selbst gerne für andere da und teilweise auch zu überfürsorglich, wenn ich sehe, dass es jemandem nicht gut geht. Sobald ich spüre, dass etwas in der Luft liegt, frage ich die Person meistens mehrmals, was los ist und ob alles gut ist – und obwohl ich in dem Moment einfach nur für die Person da sein möchte, kommt es manchmal nicht so gut an. Man muss auf einfühlsame Art den richtigen Moment erkennen und abwarten können und die andere Person vielleicht auch mal in Ruhe lassen, wenn sie etwas bedrückt, denn sie ist vielleicht noch nicht bereit, es zu erzählen. Ich sage dann meistens etwas wie »wenn du jemanden zum Reden brauchst, bin ich für dich da«. Und mein Bruder kommt dann zum Beispiel tatsächlich nach einer Weile und erzählt es von alleine.

Jetzt fragst du dich wahrscheinlich, wie man nun richtig zuhört, wenn dir jemand etwas Persönliches erzählt. Das ist wirklich nicht so leicht, denn man handelt hierbei oft instinktiv. Aber du kannst es üben. Lass ihn oder sie zunächst alles erzählen, dann zeige Mitgefühl und Empathie. Manchmal braucht es auch gar nicht so viele Worte für etwas, weil dir die Körpersprache und Stimmlage deines Gegenübers zeigt, was ihn so sehr bewegt. Deshalb ist es wichtig, zwischen den Worten zu erkennen, was derjenige wirklich meint, besonders in einem Moment der ehrlichen Schwäche.

Es ist auch wichtig zu sehen, dass es immer mehr als nur eine Wahrheit gibt, denn beide können recht haben, wenn man sich in die jeweilige Position versetzt und die Meinung akzeptieren kann. Ein sehr guter Freund von mir verliert leider sehr oft die Kontrolle über seinen Alkoholkonsum und fährt dann auch gelegentlich betrunken Auto oder es passieren andere doofe Dinge wie eine Schlägerei oder Ähnliches. Ich höre ihm immer wieder zu und versuche, ihn auch zu verstehen, aber es fällt mir schwer, den eigentlichen Ratschlag zu vermeiden, den ich ihm gerne geben würde, denn vermutlich würde das dazu führen, dass er die Tür gleich zuschmeißt, die er gerade aufgemacht hat, indem er mir gegenüber offen war. Wie du siehst, hierfür braucht es Geduld und Übung für das passende Maß an Ehrlichkeit und den richtigen Moment dafür.

Genauso ist es mit meinen Eltern. Als ich wusste, sie hören mir zu, habe ich sie auch in vielen Punkten verstanden und unser Verhältnis ist viel besser geworden. Ich frage sehr oft, wie es ihnen geht, ob ich helfen oder sonst irgendwas tun kann, um ihnen Arbeit abzunehmen. Sobald du deinen Eltern zeigst, dass du dich auch um sie kümmerst und dir Gedanken um andere machst, werden  sie auch öfter nachgeben, weil sie dich ja auch verstehen wollen. Auf dieser Basis erreichst du also in den meisten Fällen das, was du dir wünschst. Und klar ist dir sicher auch, dass es hier nicht darum geht, deine materiellen Wünsche erfüllt zu bekommen wie in Form von einem neuen Handy oder neuen Klamotten, oder? Es geht hierbei nicht um Dinge, es ist vielmehr ein Geschenk, wenn man seine Beziehungen so gut gepflegt hat, dass man sich alles sagen kann – selbst den Wunsch, wie man miteinander umgeht. Dein Regenbogen-Konto kriegt dafür richtig satte Zinsen, du wirst sehen.

#ich #versus #du

Die ganz große Kunst ist es dann, etwas Unangenehmes anzusprechen, ohne den anderen damit zu verletzen. Das funktioniert ganz gut, wenn du das System der »Ich-Botschaften«

Ehrlichkeit ist etwas für starke Menschen, schwache wählen die Lüge

anwendest. Klingt erst mal bescheuert, und es wird auch eine Weile dauern, bis du es in deinen Alltag eingebaut hast. Aber es lohnt sich, denn du wirst sehen, dass es dir gelingt, eine Kritik an jemandem äußern zu können, ohne dass er es als Vorwurf empfindet.

Ein Beispiel: Du möchtest deinem Kumpel sagen, dass dir sein lautes und unangemessenes Verhalten auf Partys irgendwie peinlich ist. Hmm, und wie drückst du das jetzt aus? Sobald du mit dem Satz anfängst »Du bist auf Partys immer so laut und das ist mir peinlich …«, ist er spätestens bei laut aus dem Gespräch ausgestiegen und macht dicht – denn du greifst ihn ja direkt an. Wir spulen zurück zum ersten Satz und fangen diesmal ganz anders an: »Ich bin einfach nicht ganz so selbstbewusst wie du, nicht so schlagfertig und laut und deshalb fühle ich mich manchmal unwohl, wenn wir zusammen ausgehen.« Glaubst du, dein Kumpel fühlt sich nun genauso angegriffen? Er oder sie wird dich in jedem Falle ausreden lassen, und es kommt wahrscheinlich schnell zu einer sanften Einigung und auch hoffentlich zu einem coolen Kompromiss, mit dem ihr beide besser klarkommt.

#hasi #myfirstlove #truestory

Ich erzähle meinen Eltern wirklich alles. Aber dafür musste ich auch erst lernen, dass sie immer zu mir stehen und mir nichts Böses wollen, wenn sie nicht so reagierten, wie ich es angenommen oder mir gewünscht hatte. Ich sage allen Eltern, die ausrasten, wenn ihre Kinder Fehler gemacht haben oder etwas Doofes passiert ist, das Gleiche: Sie erziehen ihre Kinder dadurch zu guten Lügnern, da diese Kinder nicht mehr offen über ihre Gefühle sprechen, um einer Diskussion oder Schlimmerem aus dem Weg zu gehen.

Ich weiß noch ganz genau, als ich in der Grundschule meine erste schlechte Note mit heimbrachte und direkt auf mein Zimmer ging und mich nicht traute, mit meinen Eltern zu reden. Ich wusste einfach nicht, was und wie ich es ihnen sagen sollte – und malte mir die schlimmsten Konsequenzen aus. Als sie mich zum Essen riefen und ich nicht kommen wollte, kam mein Daddy hoch zu mir. Er nahm mein Lieblingskuscheltier, den Hasi, und erzählte mir eine Geschichte. Sie fing damit an, dass der Hasi ganz viel gelernt und sein Bestes gegeben hat, leider trotzdem mit einer schlechten Note nach Hause kam und sich nicht getraut

hat, es seinen Haseneltern zu erzählen. Hasi hat sich auf seinem Zimmer versteckt und hatte Angst. Aber dann nahm Hasi seinen ganzen Mut zusammen und hat seinen Eltern von der schlechten Note erzählt. Aber statt zu schimpfen, haben die Haseneltern ihn direkt in den Arm genommen und ihn getröstet, waren für ihn da und haben darüber gesprochen, was sie gemeinsam tun können, um beim nächsten Mal besser zu sein.

In dem Moment merkte ich, dass mein Daddy mir meine eigene Geschichte erzählt hatte, und ich fing an zu weinen, habe ihn ganz fest in den Arm genommen. Seitdem wusste ich ganz genau, dass ich niemals Angst vor der Wahrheit haben brauchte, wenn ich meinen Eltern etwas erzählte. Ich kann bis heute genauso offen mit ihnen umgehen. Es ist schön, wertvoll und befreiend, wenn man weiß, dass man sich jemandem öffnen kann und er einem zuhört und den anderen nicht noch mehr durch unüberlegte oder böse Worte verletzt. Auch bei meiner Mutter weiß ich genau, dass sie mir bei aller Loyalität und Liebe nie etwas Böses will und mir wirklich immer die ehrliche Meinung zu allem sagt. Gerade im Social-Media-Bereich bekommt man so viel ungefiltertes Feedback, dass man sich auch mal an schlechten Tagen darin verlieren kann und nicht weiß, ob man alles noch richtig macht und es gut ankommt. In solchen Momenten frage ich immer meine Mama – und sie sagt mir

immer direkt, was sie darüber denkt und wie es bei anderen ankommen könnte. Wir sprechen zum Beispiel über ein Outfit, das nicht vorteilhaft saß, über eine Insta-Story, die anders rüberkam als gedacht, oder über dies und jenes, wenn ich vor einem Post unsicher bin. Ich weiß, dass ich auf sie zählen kann. Und wenn sie dann mal etwas richtig gut findet, freue ich mich umso mehr, weil ich weiß, dass es einfach wirklich gut war.

Meine Mama hält vieles im Rahmen und erdet mich, wenn ich mal wieder über den Tellerrand hinauswill. Wir waren letztens nach Sardinien eingeladen und saßen zusammen im vollbesetzten Flieger. Trotz vieler Flugmeilen habe ich bei Start und

Hab niemals Angst vor der Wahrheit – sei wie Hasi.

Landung immer noch Bammel, aber wenn wir dann mal in der Luft sind, ist mir auch schnell langweilig, und dabei fallen mir manchmal die kreativsten Sachen ein. Selbst als die Klimaanlage ausfiel, brachte mich nichts von meiner Idee ab, mit meinem Fotografen und besten Freund ein TikTok-Video auf dem Flugzeuggang zu drehen, sobald die Anschnallzeichen erloschen waren. Als ich meiner Mama von der Idee erzählte, schüttelte sie nur den Kopf und fragte, woher ich bloß dieses Selbstbewusstsein

hätte. Ganz einfach: Ich wollte unbedingt so ein Video, und mein bester Freund hat mitgemacht, also wählten wir den TikTok-Sound aus und ich lief über den Flur und tanzte dabei. Die Blicke der anderen Fluggäste waren mir in dem Moment völlig egal, weil ich einfach Spaß an der Sache hatte und es ein echt megacooles Video geworden ist. Obwohl man den erschrockenen Blick meiner Mama am Anfang sieht, fand sie es dann im Nachhinein eine richtig coole Aktion und hat das Video (und meinen Mut, es überhaupt zu drehen!) richtig gefeiert. Also manchmal muss man auch mal was wagen, auf sein Bauchgefühl hören und einfach den puren Spaß des Moments genießen.

Hier meine praktischen acht Tipps, wie Kommunikation deine Beziehungen vereinfacht:

- 💚 Gehe auf andere zu, frage sie mit ehrlichem Interesse, wie es ihnen geht, und höre ihnen zu
- 💚 Versuche dich öfter in andere Menschen und Situationen hineinzuversetzen
- 💚 Beobachte die Leute und versuche, dich mit ihrer Körpersprache auseinanderzusetzen
- 💚 Reden ist Silber, zuhören ist Gold: Versuch einen Tag mal mehr zuzuhören als zu reden
- 💚 Gib nur Ratschläge, wenn dafür der richtige Zeitpunkt ist
- 💚 Sprich offen über deine Gefühle und sei ehrlich zu deinen Eltern
- 💚 Traue dich auch mal was und höre auf dein Bauchgefühl
- 💚 Teile Menschen vorurteilsfrei mit, wenn du das Gefühl hast, sie hören dir nicht richtig zu

@chanydakota
1 hr ·

Think BIG!

#blau

Das Blaue vom Himmel lügen, blauäugig sein, blau machen, so blau, blau, blau blüht der Enzian, sein blaues Wunder erleben, die Blue Man Group: Blau ist in unendlich vielen Lebensbereichen die unangefochtene Lieblingsfarbe der Deutschen. Blau ist außerdem die kälteste Farbe unseres Farbspektrums. In blauen Räumen ist uns immer ein bisschen kälter als in andersfarbigen Zimmern – auch wenn in ihnen dieselbe Temperatur herrscht! Blau fördert klares Denken und schafft Entspannung. Die elegante und edle Farbe wurde früher nur von Königen und Kirchenoberhäuptern getragen und erlebte sogar einen ganz eigenen Farbskandal, als billige Jeans durch ihre blaue Färbung nicht nur die Hersteller in Asien und Indien vergifteten, sondern ungewaschen auch für allergische Reaktionen bei uns Käufern sorgten.

Blau erinnert mich an das Wasser, an das Meer, an den blauen Himmel, an Sommer, Freude, Fernweh. Und an die leckeren Heidelbeeren, die ich mir morgens immer in meine Bowl mache. ☺ Und mit einem kräftigen, satten Blau in deinem Regenbogen kannst auch du alle Energien, Ideen, Träume und Ziele fließen lassen. Blau ergänzt sich auch ideal mit Gelb, mit Rot, mit Grün und allen Eigenschaften, die wir den Farben in den vorherigen Kapiteln zugeordnet und uns erarbeitet haben. Blau ist einfach toll. Nein, du bist einfach toll.

#energie #synergie

In diesem Kapitel will ich dir erklären, wie du dir auch Träume erfüllen kannst, die für dich allein nicht erreichbar wären. Dafür brauchst du nur eins: Du musst offen dafür sein, deinen Erfolg mit anderen zu teilen. Wenn du zusammen mit anderen an deinen Zielen arbeitest, entstehen meist noch bessere Möglichkeiten. Dazu musst du Teamwork schätzen. Du alleine magst Ideen haben und viel Energie. Kommt noch jemand hinzu und teilt deine Idee mit ebenso viel Energie, entsteht daraus etwas Größeres – und das nennt man Synergie. Es gibt dazu auch ein passendes Sprichwort: »Greater than the sum of its parts«.

Mir ist das Kapitel so unglaublich wichtig, weil es genau diese Synergie ist, die mir in meiner Social-Media-Welt fehlt. Es ist nicht einfach, gemeinsame Mitstreiter zu finden, mit denen man zusammen so viel mehr erreichen könnte als jeder als Einzelkämpfer. Hin und wieder trifft man auf wenige, mit denen ich auch gerne etwas poste, reposte oder gemeinsame Storys mache. Andere unterstellen mir dann sofort, dass ich das nur mache, um Follower zu bekommen, dabei verwende ich meine Energie doch nur auf gemeinsame, coolere Projekte und Ideen.

Ich habe dieses Denken nie verstanden und wurde dann auch mal als »follow-geil« abgestempelt, nur weil ich immer viel poste. Mir macht das aber halt auch einfach Spaß. Wer mich kennt, weiß, dass meine Insta-Story immer sehr ausführlich ist – und warum sollte ich dann von Events auf einmal keine Story mehr posten, obwohl es genau das Business ist, aus dem ich komme. Ich war erst kürzlich auf einem Instagram-Event, und man sagt sich auch untereinander wirklich nett Hallo, aber irgendwie ist jeder in seiner Clique, und als ich einigen Hallo gesagt und vorgeschlagen habe, ob wir nicht 'nen Boomerang machen wollten, haben manche Mädels nur mit den Augen gerollt. So als ob sie mir sagen wollten: »Das ist jetzt nicht dein Ernst« ... obwohl es in dem Boomerang nicht mal um sie ging. Oder gerade deshalb? Na ja.

#unique #justthewayyouare

Was unser Konkurrenzverhalten angeht, sind wir Menschen leider sehr oft von unseren Eltern oder der Schule beeinflusst worden. Zum Glück werde ich schon lange nicht mehr durch Eltern oder die Schule beeinflusst. Ich bin aber auch ohnehin ein außergewöhnlicher Typ. Mit meinen Regenbogen-Haaren falle ich eben aus dem Rahmen, und entweder sie wollen mich gerade deshalb oder sie wollen mich um jeden Preis ändern. Wie ich bist auch du ein Unikat, ob bunte Haare oder keine, völlig egal. Wenn sich jemand gegen dich entschieden hat, hat es meist gar nichts mit dir persönlich zu tun, sondern hat oft ganz andere Gründe. Ein ganz banales Beispiel ist Germany's Next

Topmodel. Vom Casting an sind alle Mädchen groß, schlank, hübsch, jede auf ihre eigene Art und Weise. Heidi sucht aber etwas ganz Bestimmtes, und nur weil sie das vielleicht in dir nicht gesehen hat, heißt es nicht, dass du kein Talent zum Modeln hast, hässlich oder minderwertiger als andere bist, du entsprichst einfach nur nicht ihrem vorgefertigten Ideal in diesem Jahr. Du bist wunderbar, denn dich gibt es nur einmal, und das sollte uns allen viel bewusster werden.

#beautifulcreatures #natureisperfect #vielfalt

Die Natur ist uns da um einiges voraus, denn sie verlässt sich komplett auf Synergien, die über Jahrtausende und zahlreiche Evolutionsstufen gewachsen sind. Ganz simpel: So ekelhaft zum Beispiel Mücken auch sind und sosehr sie uns im Sommer auch nerven – sie sind perfektes Futter für Tausende Vogelarten, sie landen in den Netzen von Spinnen und spenden ihr Protein als Beute für Frösche – ein perfekter Kreislauf, wie du siehst. Nur weil der summende Fiesling uns nachts den Schlaf raubt und uns mit fiesem Juckreiz plagt, ist er für so viele andere Lebewesen nicht wegzudenken, er ist Teil einer perfekt abgestimmten

> Vielfalt ist die Würze meines kunterbunten Lebens.

Nahrungskette. Aktuell habe ich in meinem Profil stehen: Sei nicht besser als andere, sei anders, steh für #diversity, für Vielfalt in allen Lebensbereichen.

Wir kommen alle aus so unterschiedlichen Familien, Verhältnissen, Ländern, haben alle einen unterschiedlichen Glauben (oder keinen), unterschiedliche Bildung, und so hat jeder auch seine ganz eigene Wahrnehmung von allem. Aus diesem Blau schöpfe ich Energie, die ich bewusst und von Herzen mit anderen teile. Weil ich glaube, dass unsere Energie ständig in Bewegung ist, wie in einem reißenden Fluss, mal sanfter, mal heftiger.

Ich sage dir: Du bist toll! Stell dir vor, unsere gesprochenen Worte wären wie ein Pendel, einmal angestoßen schwingt das Pendel weiter hin und her, bis die Energie aufgebraucht ist. Stößt das Pendel aber ein anderes Pendel an, entsteht eine Kettenreaktion und die Energie vervielfältigt sich bis ins Unendliche. Nutze dieses Wissen und schöpfe daraus immer wieder neue Kraft. Du kannst Unglaubliches erreichen, wenn du nur daran glaubst – und bestenfalls andere Gleichgesinnte findest, die den Weg mit dir gehen.

Schwierig wird es für mich immer dann, wenn ich es mit Kritikern zu tun bekomme, die meinen, sie wären besser als ich. Weil sie studiert und einen festen Job haben und alles besser wissen im Leben. Deshalb zählt nur deren Meinung etwas – und was ich hier mache, ist ja doch nur Kinderkram. Verzeihst du mir, wenn ich jetzt sage, dass es mich ein wenig mit Genugtuung erfüllt, dass du gerade mein Buch liest und nicht ihres? ☺

Das hat schon in der Schule angefangen, als die Lehrer mir ständig das Gefühl gegeben haben, sie wären etwas Besseres, und alles, was sie sagten, war Gesetz. Klar, vielleicht ist ihr jeweiliges Fachwissen größer durch das, was sie studiert haben, aber das bedeutet nicht gleichzeitig, dass sie auch mit allen Ansichten übers Leben richtigliegen. Niemand ist besser als der andere, weil er mehr Geld hat, mehr Ansehen, Fame, einen tollen Körper, ein schönes Gesicht oder sonst irgendwas. Wir sind alle so vielfältig, dass es kein Falsch und Richtig gibt.

#vorurteile #innereblockade

Kaum zu glauben, aber wahr: Viele Menschen haben Angst vor der Vielfalt. Ich habe eine Familie kennengelernt, die genau so war – die Angst vor der Zukunft hatte, weil alles so vielfältig sei. Und ich rede hier nicht von religiös bestimmten Vorurteilen und Ängsten, wie beispielsweise in einem Land wie Brunei (nur ein Beispiel von vielen!), wo Homosexuelle verfolgt, ausgegrenzt und noch heute mit dem Tod bestraft werden, unvorstellbar grausam. Es gibt so viel zu entdecken und zu erleben auf unserem Planeten, und das ist doch wunderbar! Ob schwul, lesbisch, trans, bi – wir sind so ein gemischtes Volk, und es wird immer bunter. Ich liebe das. Nur durch Vielfalt werden kreativere Prozesse entstehen. Es wäre mein persönlicher Traum, wenn alle Menschen verstehen und akzeptieren würden, dass wir im Herzen alle bunt wie der Regenbogen sind und dass jeder Regenbogen einzigartig ist.

Das größte Problem sind unsere Vorurteile, die wir von allen Seiten eingetrichtert bekommen und teilweise auch pflegen. Es gab da zum Beispiel so einen Lehrer, der mich immer fragte, warum ich kein Nagelstudio eröffne, und der mir ins Gesicht sagte, dass ich wahrscheinlich nur in die Zeitung schaue, um

Judge me when you are perfect

mir die Waschmaschinen-Angebote anzusehen. Wow … dieser Lehrer war mit Vorurteilen so vollgestopft, dass er wirklich glaubte, was er da erzählte.

Warum ich dieses Buch »Lieblingsfarbe Regenbogen« genannt habe? Weil ich in keine Schublade gesteckt werden möchte. Niemand hat das verdient, weder du noch ich. Deshalb mache dir bitte von allem selbst ein Bild und hinterfrage. Dann ist dein Blau voll in Action und es fließt hin und her zwischen Realität und Fiktion, zwischen Meinungen, Einflüssen und Gedanken, die wiederum deine Realität formen.

Gerade die, die sich über alles und jeden ein Urteil erlauben, stellen sich meist als die Unwissenden heraus. Ängste basieren fast immer auf Unwissenheit oder Halbwissen, das ihnen über drei Ecken (oder das Internet) zugetragen wurde. So entsteht Panik. Wie zum Beispiel vor Männern mit Bärten oder Frauen mit Kopftüchern. Wer von uns weiß denn wirklich, was im Koran steht? Oder warum Menschen in Indien sich erst die Haare bis über den Po wachsen lassen, um sie dann kahl abzurasieren? Warum tragen Frauen in Myanmar Ringe um den Hals? Ich weiß es nicht genau, aber habe ich deshalb Angst davor – und stecke vielleicht sogar andere mit der Angst an? Dann würde aus meinem Blau ganz schnell ein giftiges Schwarz. Nein, ich habe zum Beispiel gar kein Problem mit anderen Kulturen. Mir war es seit dem Kindesalter fremd, wenn jemand einen Dunkelhäutigen oder ein Mädchen mit einem Kopftuch komisch angeschaut hat, denn ich bin offen und angstfrei aufgewachsen. In meiner Grundschule war ein schwarzer Junge in meiner Klasse, und erst viele Jahre später habe ich mir Gedanken darüber gemacht, wie anders viele andere wohl empfunden haben, aber für mich

»Lass deine Ohren nicht glauben, was die Augen nicht gesehen haben, und lass deinen Mund nicht sagen, was dein Herz nicht fühlt.«

Gemeinsam kommt man schneller ans Ziel.

war er einer meiner engsten Freunde und ich habe viel Spaß mit ihm gehabt, unabhängig von seiner Hautfarbe oder Herkunft. Meine Eltern sind außerdem immer viel mit mir verreist. Ich habe deshalb nie darüber nachgedacht, ob jemand wegen seiner Religion, Kultur oder Sonstigem anders, besser oder schlechter ist als ich.

#iceblue #wrongturn

Ich kannte das aus meinem Umfeld gar nicht. Wir werden nicht mit Vorurteilen im Kopf geboren, sie werden uns leider mit falschen Ansichten mit den Jahren erst beigebracht. Blau steht gleichermaßen auch für Kälte, und wir Menschen können sehr kalt sein. Besonders bei fehlender Empathie oder mangelnder Akzeptanz von Unterschieden jeglicher Art sind viele Menschen stur und kalt. Sie bleiben stecken in ihrem eiskalten Blau, das sie umschließt wie ein Eisberg. Dort blüht nichts, es wächst nichts, alles bleibt erhalten, so wie es war und bleibt.

Ich dagegen bin immer offen für neue Kulturen, neue Menschen und feiere die Unterschiede im Leben. Ich bin zwar auch ein

Mensch, der Gewohnheiten mag und immer gerne alles unter Kontrolle hat, aber ich bin auch offen für Neues, denn daraus entstehen die besten Abenteuer.

Wenn ich das Abenteuer dann nehme, wie es kommt, und mich darauf einlasse, ergeben sich so viele neue Möglichkeiten und ich bin jedes Mal froh darüber. Um sich für etwas zu öffnen und vielleicht auch jemanden von einer neuen Perspektive zu überzeugen, muss man erst mal verstehen, welches Problem der andere damit überhaupt hat. Finde zunächst heraus, was das Hindernis sein könnte – egal ob es bei der Diskussion um neue Freundschaften, neue Kulturen oder Sonstiges geht. Versuche dich dabei auch wieder in den anderen hineinzuversetzen. Setz dein starkes Blau dafür ein, um deine Gedanken mit den Ansichten des anderen zu vermischen – so, als würden zwei kleinere Flüsse aufeinandertreffen und zu einem neuen, größeren Fluss werden.

Bei mir im Social-Media-Business ist das gegenseitige Posten und Supporten immer so eine Sache. Viele wollen und machen es nicht, und selbst dann versuche ich mich in sie hineinzuversetzen. Synergie? Verpufft.

Ich bin auch auf Events häufig im Zeitstress, aber es geht ja dabei um mehr. Und wenn man dann schon auf jemanden trifft, der irgendwie gut zu deinem eigenen Thema passt, freut man sich doch über einen Repost, oder wie siehst du das? Man könnte generell im Social-Media-Bereich so viel mehr zusammen unternehmen. Ich habe auch mal jemanden richtig gefeiert, mich mit demjenigen getroffen, Videos gedreht, doch dann wurde derjenige bekannter. Und komisch, abgehoben – und ist mir dann sogar entfolgt. Hm. Er hat das Thema des Teamworks und gegenseitigen Supports offensichtlich nicht so verstanden.

Es ist also in allen Punkten das Beste, darüber zu sprechen und am Ende im Team miteinander zu arbeiten statt gegeneinander. Auch wenn ich es 100 Mal sage und von mir aus auch ewig der Exot mit den Regenbogenhaaren bleibe, werde ich mich in der Sache niemals angleichen. Es ist doch total bescheuert, wenn sich keiner was gönnt. So ist es auch bei deinen Eltern oder in der Schule, mit deinen Freunden oder Kolleginnen: Rauft euch zusammen, bildet ein starkes Team und profitiert von der Synergie, die daraus erwächst, statt gegeneinander zu arbeiten.

#tiktokchallenge #inthespotlight

Ich habe zu dem Thema auch in einer »Spotlight«-Folge auf Nickleodeon mitgespielt. Dabei habe ich die Schulklasse besucht und ihr eine TikTok-Challenge gestellt, bei der sich jeder Schüler Gedanken machen und seinen Style mit einem coolen TikTok-Sound verbinden sollte, um daraus ein Video zu erstellen. Das beste Video wurde von mir repostet. Meinen Gewinner habe ich jedoch dabei nicht nach dem besten Video ausgewählt, sondern weil etwas viel Besseres entstanden war. Es gab zwei Schwestern in dieser Klasse, die sich durch die Challenge völlig zerstritten hatten, weil beide gewinnen wollten. Das Problem: Die eine hatte den besseren Style, die andere aber die besseren Moves. Durch mich sind sie zum Glück nach langem Gezicke und Konkurrenzkampf auf die Idee gekommen, das Video zusammen zu drehen – und genau deshalb haben sie für mich gewonnen. Denn sie haben sich als Team bewiesen, dabei Spaß gehabt und sich gegenseitig inspiriert. Und genau DAS möchte ich sehen.

Es gibt natürlich auch viele, die sich nur an deinem Erfolg, deinen Noten oder deinem Auto hochziehen wollen und nicht das gemeinsame Gewinndenken im Kopf haben. Ich nenne solche Kandidaten »Trittbrettfahrer«, weil sie kommen, sich an dir hochziehen und dich dann fallen lassen. Genau wie die Leute in der Schule, die immer in die beste Gruppe wollen, aber selbst nichts dafür gemacht haben und am Ende aber die beste Note kassieren. Das gibt es leider überall und in jeder Altersklasse, und davor sollte man sich definitiv schützen.

#candyshop #bittersweet

Ich sage aber immer, das Leben ist ein All-you-can-eat-Candy-Shop, und es ist genug für alle da. Das verstehen aber die meisten nicht und deshalb gibt es unterschiedliche Typen. Die einen, die immer alle Süßigkeiten für sich alleine wollen und nicht mal auf einen einzigen Lutscher verzichten würden, sind meist auf Dauer unzufrieden und erst dann glücklich, wenn sie mehr haben als andere. Dafür nutzen sie alle Mittel, erzählen schlecht über dich und werden extrem neidisch und missgünstig, wenn du Erfolg hast.

Dann gibt es noch die, die immer alle Süßigkeiten abgeben und lieber ohne etwas dasitzen, um die anderen glücklich zu machen. Davon habe ich definitiv was, denn ich nehme auch häufig mal die Schuld auf mich für andere und versuche, in meinem Umfeld die Leute zu beschützen. Das Problem daran ist, dass man sich dadurch nicht viel Respekt von anderen verdient, sondern als naives Dummchen angesehen wird. Ach, was soll's, ich habe eben ein zu gutes Herz. ☺ Aber ich lasse mich nicht mehr ausnutzen.

Was mir hilft, ist, nach dem Motto »der Klügere gibt nach« zu leben, so weiß ich zwar genau, dass ich recht habe, und umgehe eine möglicherweise unangenehme Diskussion.

Dann gibt es noch diejenigen, die dich mit in ihren Abgrund ziehen wollen – und davon gibt es genug in den sozialen Medien, glaube mir. Gerade dann, wenn jemand nicht mehr im »Hype« ist, fängt er an über andere herzuziehen, um sich bloß nicht alleine zu fühlen. Diese Typen (auch Mädels!) können den Gedanken nicht ertragen, dass jemand besser ist und mehr im Hype, mehr Follower, bessere Noten oder eine tollere Freundin hat als du.

#teamrainbow #candyshop

Und jetzt kommen wir zum letzten Beispiel: dem All-you-can-eat-Candy-Shop, dem Laden, in dem sich jeder so viel nehmen kann, wie er will, und sich keiner darum kümmern muss, ob jemand mehr oder weniger hat als der andere. Jeder nimmt so viel, wie er für richtig hält, um selbst glücklich zu werden. Dort muss man niemanden neidisch machen, es ist nicht nötig, so viel Süßkram einzupacken, nur damit du um jeden Preis zwei Schokoriegel mehr hast als deine größte Rivalin. Nein, wir spielen hier im selben Rainbow-Team und lachen zusammen, machen coole Bilder im Candy Shop, unterstützen uns, lassen den anderen probieren und geben uns gegenseitig Candy-Tipps. Weil wir uns gegenseitig wichtig sind, wir uns mögen und es uns allen am Herzen liegt, gleich viel Spaß und Glück zu genießen. Du gönnst jedem seinen Erfolg und all seine Candys, achtest aber auch auf dich und darauf, dass du genug Candy-Power hast und zufrieden bist. Du darfst nicht leer ausgehen oder die falschen Leute in den Shop einladen und dabei zusehen, wie sie sich hemmungslos bedienen, ohne an die anderen zu denken. Wenn ihr zusammenhaltet, könnt ihr euch viel mehr austauschen, habt tolle Bilder, teilt euren Geschmack und eure Interessen, schaut euch zusammen alles an und lasst euch einfach von der

Wenn du mich schon in eine Schublade steckst, dann bitte in die mit dem Süßkram

Regenbogen-Candy-Welt inspirieren. Denkt aber auch daran, Kompromisse untereinander zu machen, denn jeder soll mal Vorteile haben. Versuch, alles im Gleichgewicht zu halten.

Jemand hat den letzten Riegel genommen? Gönne es ihm oder ihr. Versuche auch die anderen Leute im Candy Shop anzunehmen, speziell die Einzelgänger und die »Misfits«, versuche, neutral zu sein und jedem alles zu gönnen, ohne oberflächlich oder arrogant zu wirken. Mit dieser Haltung und einem leuchtenden Blau auf deiner unsichtbaren Fahne ziehst du die Leute an, die genauso denken. Höre dabei auf deinen Instinkt, der dich leitet und dir zeigt, welche Menschen Synergien mit dir eingehen wollen und können oder welche nicht. Auch ich muss bis heute noch lernen, wer mich wirklich mag und wer nur wegen des Fame meine Nähe sucht, ob real oder nur auf Social Media. Es wird immer Leute geben, die mir nichts gönnen oder mich sogar in den Abgrund ziehen wollen. Aber ich bin stark und habe viele Leute um mich herum, die mich supporten und an mich glauben. Von vielen anderen habe ich mich getrennt. Auch das tut nämlich das fließende blaue Wasser: Es reißt lockere Stücke, Steine und Strandgut mit sich. Vielleicht findet sich an anderer Stelle ein besserer Ort dafür, eine passendere Stelle.

Im folgenden achten und lilafarbenen Kapitel fasse ich nun noch mal alle Kapitel zusammen, um dir das Bild von deinem Regenbogen komplett vor Augen zu halten. Denn jede Lektion und jeder Tipp funktioniert zwar alleine für sich, aber die volle Regenbogen-Power entfaltest du erst im Zusammenspiel aller Farben. Also lass uns noch mal alles zusammenfassen und dann bist du bereit, mit deinem inneren Regenbogen in allen Farben um die Wette zu strahlen. Bist du bereit für diese letzte Challenge?

ChanyDakota

Balance is the key to inner peace.

Boards Pins

#Lila

Nun kommen wir langsam zum Ende unserer kunterbunten Reise – und gleichzeitig zum Anfang deiner eigenen. Denn wenn du alle Kapitel umgesetzt und verstanden hast und dir deine Ziele immer wieder vor Augen hältst, wirst du ein buntes und glückliches Leben führen, unendlich viele Möglichkeiten bekommen, deine Träume wahr werden lassen und ein wundervolles Freiheitsgefühl verspüren.

Du und ich haben diese Reise toll gemeistert, ich habe dir hoffentlich deine verfälschte Brille abgesetzt, dein inneres Feuer entfacht, dir Sicherheit (zurück)gegeben. Dafür sind wir einen weiten Weg gegangen – durch die heiße Wüste bei größter Hitze – und haben die Sonne für uns gefunden. Wir sind zudem durch die Wildnis und den grünen Dschungel der Gefühle gewandert und haben trotzdem einen kühlen Kopf bewahrt. Anschließend sind wir ins kalte Wasser gesprungen, um schließlich mit der Farbe Lila im achten und letzten Kapitel bei der kosmischen Verbindung all deiner Regenbogenfarben anzukommen. Wow, eine verrückte Reise, eine bunte, lange Reise, und wir sind sie Schritt für Schritt zusammen gegangen.

#colourofchange #highergoals

Kommen wir nun also zur Farbe Lila, die deinen Regenbogen abschließt. Sie setzt sich aus dem flammenden Rot und dem edlen, kühlen Blau zusammen und steht damit nicht nur im Farbkreis, sondern auch für alles, das uns umgibt, für Ausgewogenheit, Spiritualität, Intelligenz. Zugleich symbolisiert sie die Veränderung. Auch in der chinesischen Harmonielehre Feng-Shui, die sich insbesondere mit der Gestaltung von Wohnräumen und der inneren Lebensenergie – dem Qi – beschäftigt, spielt die Farbe Lila eine wesentliche Rolle. Sie vereint zwei der fünf Elemente: das stärkste Yin (Wasser – Blau) und das stärkste Yang (Feuer – Rot). Das meditative Lila gilt im Feng-Shui als Farbe der Träumer und der Chancen auf großes Glück.

Das größte Glück von allen fängt allerdings nicht in Räumen, im Wasser oder im Yogazentrum an. Sondern in dir. Die leider schon so früh verstorbene Soul-Diva Whitney Houston hat 1985 schon darüber gesungen und mit »The greatest Love of all« einen ihrer größten Hits gelandet. Ein sehr emotionaler und ewig passender Song für die persönliche Inspiration. ☺ Und genau dafür haben wir diese Reise unternommen, an deren Ende des Regenbogens du deinen Schatz aus Gold findest. Erinnerst du dich an meine ersten Worte in diesem Buch? Der Schatz aus Gold ist die beste Version von dir selbst, dein Ich 2.0.

Damit du deinen inneren Regenbogen in all seinen Facetten und Farben im Überblick hast, habe ich noch mal alle Kapitel kurz für dich zusammengefasst.

#pink

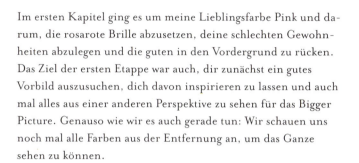

Im ersten Kapitel ging es um meine Lieblingsfarbe Pink und darum, die rosarote Brille abzusetzen, deine schlechten Gewohnheiten abzulegen und die guten in den Vordergrund zu rücken. Das Ziel der ersten Etappe war auch, dir zunächst ein gutes Vorbild auszusuchen, dich davon inspirieren zu lassen und auch mal alles aus einer anderen Perspektive zu sehen für das Bigger Picture. Genauso wie wir es auch gerade tun: Wir schauen uns noch mal alle Farben aus der Entfernung an, um das Ganze sehen zu können.

Betrachte dich auch von außen. Schaue, wie du auf andere wirkst, und versuche, ein gutes Vorbild zu sein. Danach betrachte deine Freunde, teile Fake von True Friends und mache nur die Sachen zum Mittelpunkt deines Lebens, die von bleibendem Wert sind.

Versuche immer, an dein Karma zu denken, und sei nicht gehässig oder arrogant. Selbst wenn mal etwas schiefläuft oder es nicht so kommt, wie du es dir erhofft hast, rede lieber darüber, statt jemand anderen dafür ungerecht oder schlecht zu behandeln.

Löse dich von Abhängigkeiten, reflektiere dich nicht über das Feedback von außen – und sei ab und zu auch etwas egoistisch.

Finde deine eigene Mitte und achte darauf, was dir guttun könnte. Hör auf dein Herz und halte in jeder Situation an deinen Grundregeln fest.

#rot

In der Farbe der Liebe, dem roten Kapitel 2, sind wir auf dein Selbstwertgefühl eingegangen, wie du deine ersten Schritte zur inneren Stärke bewältigst und lernst, immer an dich zu glauben, um etwas zu erreichen. Der Schlüssel lautete innere Zuversicht, die du dir jeden Tag selbst schenkst. Übernimm dich aber nicht,

schätze deine kleinen Erfolge, denn wir sind alle nur Menschen, keine Maschinen. Wenn etwas nicht klappt, ist eines meiner Lieblingsbücher »FUCK-UP – das Scheitern von heute sind die Erfolge von morgen«. Behalte dir stets vor Augen: Mit deinen Gedanken formst du die Wirklichkeit.

Glaube jeden Moment an dich und sage dir immer wieder, dass du alles schaffst, dass du toll bist, wie du bist, und es dich nur einmal gibt. Einer meiner Lieblingssprüche hierzu, als kleine Inspiration: Wenn es nicht klappt, sollte es nicht sein – und eine Tür schließt sich immer, damit sich eine andere öffnen kann. Höre immer auf deine innere Stimme. Sie wird dir den richtigen Weg zeigen und deine Talente fördern. Bringe immer zu Ende, was du angefangen hast. Kämpfe für deine Träume, Rot ist Feuer – und das möchte ich unter deinem Hintern machen. ☺

»Nutze die Power
deiner Gedanken
und schalte
die negativen
Gedanken ab.«

#orange

Im orangefarbenen Kapitel ging es um Sicherheit. Sicherheit bekommst du, indem du die Kontrolle über dein Leben gewinnst und behältst. Sei bitte nur selten ein »Send-Help-Mensch«. In meiner Story siehst du bestimmt immer mal wieder einen kleinen *Send-Help-Moment*, aber kein Mensch ist perfekt, und das macht uns alle ja aus. Du musst nur die Verantwortung für dein Leben selbst in die Hand nehmen und für dich geradestehen. Ich habe all mein Wissen und meine Gedanken mit dir geteilt, weil ich mir für dich wünsche, dass du im Leben vorankommst, du Erfolg hast. Und vielleicht sagt sogar jemand nach dem Lesen meines Buches, hey, mit dir habe ich es geschafft. Das wäre mein größter Traum. Habe auch keine Angst vor Veränderungen, traue dich und gehe den nächsten Schritt in deinem Leben Richtung Regenbogen. Versuche, deine negative Energie in Positives umzusetzen, glaube an dich und dein Leitbild und lege deine schlechten Gewohnheiten ab. Schmeiße sie einfach weg.

#gelb

Wenn es regnet, schau nach dem Regenbogen, denn der kann nur entstehen, wenn es regnet und gleichzeitig die Sonne scheint. Deshalb gehen wir weiter zu Kapitel 4 und zur Farbe Gelb, die wie die Sonne leuchtet. Glaube an deine innere Sonne, halte sie dir immer vor Augen, wie sie auszusehen hat und was sie mit dir zusammen bewältigen soll. Triff ab und zu beim Meditieren oder Nachdenken auf deine Träume, lass die innere

Sonne deine Energie sein, um dich anzuspornen. Akzeptiere auch deine Schwächen und wandle sie in Stärken um. Lerne aus deinen Misserfolgen und wachse jedes Mal ein bisschen über dich hinaus. Hingefallen? Krone richten – und weiter geht's, Prinzessin. Lass dich nicht von deinem Weg abbringen und denke ganz fest an dein Ziel, vergiss niemals dein Karma und bleibe dir immer selbst treu auf dem Weg, denn alles Böse kommt zurück zu dir.

#grün

Apropos Wachsen: Da machen wir jetzt weiter mit Kapitel 5, das so grün ist wie das schöne Gras auf der Wiese, das wächst, ohne darüber nachzudenken. Es wächst einfach jeden Tag über sich hinaus. Sei wie das Gras. Bleibe fokussiert und setze dir Prioritäten im Leben, indem du deinen Schweinehund erziehst und dir jeden Tag neue Motivation schenkst. Versuche, nicht alles auf den letzten Drücker zu machen, und höre auf deine innere Uhr. Respektiere dich selbst und grenze dich auch von Menschen ab, die das nicht tun – sei dabei kein Weichei und lass dir von niemandem etwas anderes einreden.

Denke aber auch zwischen deinen kunterbunten Zielen und Träumen an deine Quality Time und dein Colour Coding, damit du nichts vergisst, wichtige Sachen nicht verschiebst, sondern sie gleich erledigst. Damit hast du immer den perfekten Masterplan.

Denke immer daran: Was du jetzt gerade denkst, geht irgendwann in Erfüllung. Deshalb nutze die Power deiner Gedanken und schalte negative Gedanken ab. Wenn einer den Hit- oder Shit-Button drückt, dann bist du das.

#türkis

Um bei den ganzen Infos, Tipps und Tricks einen kühlen Kopf zu bewahren, ging es weiter mit Türkis.

Um mit jeder Situation souverän und gelassen umzugehen, ist es wichtig, sich selbst und seine Beziehungen im Griff zu haben. Es geht darum, wie du lernst, zwischen den Tönen genauer hinzuhören und richtig auf die Bedürfnisse deines Gegenübers reagieren zu können.

Fülle dein Beziehungs-Regenbogen-Konto, nimm deine Freunde oder deine Eltern in den Arm, verteile ehrlich gemeinte Ratschläge. Aber erst dann, wenn du richtig zugehört hast und denkst, den richtigen Moment erkannt zu haben. Versetze dich in die Lage des anderen und überlege, was du dir selbst in dem Moment wünschen würdest. Höre mit deinem Herzen – und aktiviere dein Gefühls-WLAN, um empathisch zu sein. Sage deinem Gegenüber immer ehrlich, was du fühlst, aber achte dabei auf Ich-Botschaften, die ihn oder sie nicht in die Verteidigungsposition versetzen. Erinnere dich an meine Hasi-Story und habe niemals Angst vor der Wahrheit. Es ist nämlich ein viel schöneres Gefühl, wenn man weiß, dass man sich öffnen kann. Und dein Gesprächspartner öffnet sich dann auch viel schneller und ihr seid auf der gleichen Wave-Länge.

#blau

Das Thema Wellen findet sich auch gleich im nächsten Kapitel Blau wieder. Hier habe ich dir gezeigt, wie du deine Träume mithilfe von gemeinsamen Kräften, der Synergie, erweitern und erfüllen kannst. Sei offen dafür, deinen Erfolg mit Gleichgesinnten zu teilen, denn gemeinsam erreicht ihr so viel mehr, statt euch gegenseitig zu haten und missgünstig auf die Erfolge anderer zu sein. »Gönn dir« mag ein toller Spruch sein – »gönn anderen« ist aber noch viel wichtiger für dein inneres Gleichgewicht, dein Karma und was dir das Universum zurückschenkt. Sei größer als die Summe der einzelnen Teile. Hab keine Angst vor Neuem, vor Challenges, vor fremden Kulturen – feiere die Vielfalt, und die Welt feiert dich. Versuche stets, mit deinem starken, edlen Blau andere von falschen Wegen und Perspektiven abzubringen, denn diese Superpower steckt in der royalen Farbe – und damit in dir. Sei der beste Kunde in dem Candy Shop, den wir Leben nennen. Genieße es in vollen Zügen, vergiss aber dabei das Zähneputzen nicht. ☺ Teile von Herzen, aber schütze deine Grenzen, wenn du das Gefühl hast, von Trittbrettfahrern umgeben zu sein. Erteile ihnen liebevoll, aber bestimmt eine Lektion, indem du ihnen den letzten Lolli mit einem Lächeln schenkst, statt herumzuzicken und wie sie zu sein. Lasse dein Blau fließen in jeder Hinsicht, die dir das Leben in jeder neuen Challenge stellt. Verlasse dich auf die unendliche Kraft des Wassers, das schließlich sogar bekanntermaßen mit Geduld die härtesten Steine höhlt.

#thefinalcurtain #famouslastwords #lol

Wow. Jetzt fällt es mir nach all der Schreiberei echt schwer, das finale Schlusswort zu finden. Denn es gäbe noch so viel mehr zu sagen, zu teilen und gemeinsam zu lernen. Ich hoffe, du hast über dich selbst genauso viel gelernt wie ich über mich. Du kannst dir gar nicht vorstellen, was für Erinnerungen mir bei dem Recherchieren und Verfassen der Kapitel durch den Kopf geschossen sind. Erinnerungen, die mir die Tränen in die Augen trieben, vom Lachen wie vom Weinen. Gerade jetzt in diesem Augenblick schwanke ich zwischen Erleichterung, es tatsächlich geschafft zu haben – und Traurigkeit, dass die innigen Momente mit dir zu Ende gehen, wo ich doch noch so viel mehr mit dir teilen möchte.

Wie du ja schon weißt, stehe ich total auf inspirierende Songs, Bücher und Filme. Wenn mir selbst die Worte für etwas fehlen, denke ich darüber nach, ob es nicht ein Songtext oder eine bestimmte Filmszene viel besser trifft – schließlich wurde schon über alles von einem grandiosen Künstler gesungen, geschrieben oder gespielt. Deshalb möchte ich unsere gemeinsame Reise zum Regenbogen auch mit einem solchen Klassiker beenden. Hast du »Die unendliche Geschichte« von Michael Ende gesehen oder das Buch gelesen? Am Ende seiner abenteuerlichen Reise trifft Bastian, der kleine dicke Außenseiter, auf die Kindliche Kaiserin. Denn es war gar kein Buch, das er gelesen hat, es war seine eigene Geschichte – und die des ganzen Reichs Phantásien, das Bastian mit Mut und Selbstvertrauen gerettet hat, als das Nichts das Land der Fantasie bedrohte. Zum Schluss schenkt sie Bastian das letzte Körnchen Phantásiens und legt es in seine Hände, damit er es mithilfe seiner Gedanken und Wünsche wieder neu errichten kann. Ich bin sicherlich nicht die Kindliche Kaiserin und du auch kein Bastian Balthasar Bux (oder doch? 😊), und doch finde ich keinen passenderen Vergleich dafür, welchen Sinn dieses Buch für dich haben soll. Ich wünsche mir, auch dir dieses Körnchen, das Samenkorn, aus dem dein prachtvoller Regenbogen wächst, in die Hände gelegt zu haben.

Ich glaube an dich. Du bist mein Superstar. Und ich werde dich vermissen, wenn du jetzt den Weg alleine weitergehst. Und doch bin ich immer bei dir, wenn du mich brauchst – nimm das Buch einfach immer mal wieder in die Hand und frische deine Farben auf. Da draußen wartet eine ganze Welt auf dich.

XOXO

Deine Chany

THE END

PS: Natürlich wird es, wie soll es auch anders sein, Hater und Kritiker geben, die mein Buch in der Luft zerreißen werden. Was hat sie sich bloß dabei gedacht … keine Ahnung hat sie … lieber hübsch in die Kamera lächeln … ich kenne sie alle, die Sprüche. Denn ich höre sie, wie du weißt, nicht zum ersten Mal. Und wer der Meinung ist, diesen Regenbogen-Leitfaden zum Glück schlecht bewerten zu müssen, der kann sich gerne an meine Deutschlehrerin aus der Schule wenden, die mich damals, als junges Mädchen, als Dummchen abgestempelt hat. Während ich meinen Regenbogentraum lebe, voller Überraschungen, Lachen und Abenteuer, sitzt sie wohl immer noch im Karohemd am Pult und lässt am nächsten Mädchen den Frust über ihr unerfülltes Dasein aus. So viel dazu. ☺